张居正

力挽狂澜：张居正

墨香满楼◎著

中国铁道出版社有限公司
CHINA RAILWAY PUBLISHING HOUSE CO., LTD.

图书在版编目（CIP）数据

力挽狂澜：张居正 / 墨香满楼著 . -- 北京：中国
铁道出版社有限公司，2025. 7. -- ISBN 978-7-113-
32377-6

Ⅰ. K827=48

中国国家版本馆 CIP 数据核字第 2025XP7192 号

书　　名：力挽狂澜：张居正

　　　　　LIWAN-KUANGLAN: ZHANG JUZHENG

作　　者：墨香满楼

责任编辑：奚　源　　　　　　编辑部电话：（010）51873005
封面设计：刘　莎
责任校对：苗　丹
责任印制：赵星辰

出版发行：中国铁道出版社有限公司（100054，北京市西城区右安门西街 8 号）
网　　址：https://www.tdpress.com
印　　刷：天津嘉恒印务有限公司
版　　次：2025 年 7 月第 1 版　2025 年 7 月第 1 次印刷
开　　本：710 mm×1 000 mm　1/16　印张：11.25　字数：166 千
书　　号：ISBN 978-7-113-32377-6
定　　价：88.00 元

　　16 世纪，中国诞生了一位伟大的改革家，他历时十年，几乎凭一己之力，实现了大明王朝的中兴，他就是被中国近代思想家、政治家梁启超称为"明代唯一大政治家"的张居正。

　　张居正的一生充满传奇色彩。

　　他自幼聪慧，有神童之称，十二岁便考上了秀才。此后，虽然遇到挫折，但也在二十三岁的时候就考上了进士，入朝为官。后来，经过二十几年的官场沉浮，在经历了与严嵩、徐阶、高拱、冯保等人的接触、斗争与联盟后，终于在四十八岁时成为位极人臣的内阁首辅。

　　担任首辅期间，张居正在李太后和万历小皇帝这对孤儿寡母的支持下，发动了一场轰轰烈烈的改革运动，史称"万历新政"，在政治上肃清了贪官污吏，经济上增加财政收入，军事上也大有建树——有效抵御了北方游牧民族的侵扰，使大明王朝恢复了往日的盛世景象。

　　不过，同其他人一样，张居正在风光的背后，也有数不尽的辛酸血泪。

　　比如，就在张居正推行"考成法"整顿官场的时候，他的一个门生竟然从背后放冷箭，让张居正一时间成了众矢之的；又如，就在改革初见成效的时候，张居正的父亲突然亡故，让他一下子陷到"夺情"风波之中，再次站在了舆论的风口浪尖，甚至被迫向人下跪；再如，他在万历小皇帝身上倾注了大量心血，但最终因为教育方式的原因，师生从亲密无间变反目成仇……

在本书的最后一章中，张居正在"万历新政"已经取得巨大成效之时病逝，死后被寄予厚望的"改革接班人"万历皇帝抄家，最终家破人亡。那个曾经严重依赖他的李太后，竟没有站出来为他说一句话……

张居正的一生也极富争议。

关于他和李太后的关系：有人说，他们是情人关系；也有人说，他们只是正常的合作关系。关于张居正是否贪污：有人说，他生活奢侈，贪污公款；也有人说，他一心为国，并不爱财。关于政治斗争：有人说，他利用阴谋扳倒高拱才得以升任首辅；也有人说，他和高拱一直保持着同盟关系，高拱的下台与他并无关系……

那么，历史的真相到底是什么？张居正究竟是怎样一个人？他对于历史的意义是什么？我们从他的身上能得到什么启示？

我们将答案写在了纸上，翻开书页，让我们一起去了解历史上真实的张居正。

作　者

书中主要官名注释

内阁大学士：明太祖废丞相后，仿宋朝，设华盖殿、武英殿、文华殿、文渊阁、东阁大学士，后增设谨身殿大学士，又改华盖殿为中极殿、谨身殿为建极殿，共四殿二阁。明成祖正式成立内阁。阁指文渊阁，为避宰相之名，故称内阁。内阁职责设定是"献替可否，奉陈规诲，点检题奏，票拟批答"。

首辅：明中叶后，主持内阁的大学士称首辅，其余称次辅、群辅。严嵩势大，与六部争权，到张居正时，已成为事实上的丞相。

太师：明制无定员，无专授，或为加衔，或为赠官。

吏部尚书：六部，即吏部、户部、礼部、兵部、刑部、工部，是明朝中央机构的主干，直属皇帝。吏部在六部中地位最高也最重要，掌官吏选授、封勋、考课。吏部尚书是吏部主官、正职。

左右都御史：都察院也是在明太祖废丞相后设立，是最高监察机构，设左右都御史、左右副都御史、左右佥都御史，以及十三道监察御史。

监察御史：简称"御史"，按行省划分，浙江十人、江西十人、福建七人、四川七人、陕西八人、云南十一人、河南十人、广西七人、广东七人、山西八人、山东十人、湖广八人、贵州七人，共十三道一百一十人。

巡按御史：十三道监察御史出巡当差，按责任轻重、事务繁简、道里远近分为大、中、小三等。监察御史出大差时就是巡按御史，即作为中央特派员，代天巡狩，无所不察。

巡抚：意思是"巡行天下，抚治军民"，通常认为始自明成祖派朝臣出巡地方，后来各省常设巡抚逐渐成为定制，巡抚逐步成为地方最高军政长官，巡抚衙门成为省级权力机构。

司礼监掌印太监：明朝宦官机构称"二十四衙门"，由十二监四司八局组成。太监在明朝指最高一级宦官，现成为泛称。太监有不同的职务，掌印就是职务。二十四衙门后都设掌印太监。为制约内阁，司礼监的地位后被提高，成为二十四衙门之首。司礼监代替皇帝用红笔批示内阁的票拟，称"批红"，代传皇帝的命令，称"中旨"，还控制东厂和锦衣卫。司礼监掌印太监的职责就是掌理内外章奏。

祭酒：国子监是明朝最高学府，祭酒、司业是正、副主官，负责训导国学诸生。

庶吉士：名字取自《尚书》中的"庶常吉士"，是在翰林院进修的进士的称呼，是一种美称。翰林院是专司笔札文翰之事的机构，有"非进士不入翰林，非翰林不入内阁"之说。因此，成为庶吉士，也就是在储相之列了。

目 录

第一章　荆州神童初长成

这个神童有来头

明朝中后期，大明王朝已经大大衰落，既没有了太祖、成祖时代的武功，也没有了仁宗、宣宗时代的文治。当时明朝社会已被两大问题——社会腐化与倭患袭掠——所动摇，元气衰竭。

时代呼唤英豪，时代造就豪杰。此时一位大改革家诞生了！他就是本书的主人公——万历首辅张居正。尽管对张居正的评价一度是毁誉参半：有人推崇其为圣人，有人斥其为禽兽。但是谁都不能否认，他是一代名相！他让明王朝又延续了七十二年！

关于张居正的故事，一切还得从他家族的历史说起。张居正家族谱上的远祖是张居正的七世祖，名为张关保，家住凤阳府定远县，就是现在的滁州，与明太祖朱元璋是同乡。有人考证，张关保是南宋抗金名将张浚的后人。

元朝末年，张关保加入了红巾军的队伍和乡亲们一起造反。这期间，张关保一直追随朱元璋打天下。他曾经跟随大将军徐达平定江南，立下赫赫战功，最后被授予世袭千户。

张居正在《先考观澜公行略》中自述："其先凤阳定远人也。始祖关保，国初以军功授归州守御千户所千户。"

归州，今湖北秭归，"守御千户所千户"职位，官居五品。当时的明朝实行的是划分"卫"的军事制度，和现代的军分区是一个性质，就

是在各府的要地设立"卫"。一卫就是一个军分区，卫下设立约五个"千户所"，每个千户所直接统军一千一百二十人。

特别要说的是，"守御千户所"并不是普通的千户所，史载，"凡守御所皆不隶卫""而自达于都司"，也就是守御千户所不受卫的管辖。因此可以这样解释：张居正的祖先张关保，是皇帝委派到各地的直属精锐部队中的次级首长。并且千户所的千户是可以世袭的，即这份权力和尊荣能够代代相传。

这样的家庭出身无疑对张居正的人生产生了重大影响。中国都有崇拜祖先的传统，如果祖上显赫的话，那肯定将被视为荣耀。鲁迅笔下的阿Q不也自夸是"赵家人"嘛！

张居正崇拜祖先表现在多处，其中有一处很明显——张居正作为一个文人，却关注和崇尚军事。一方面，张居正常常强调自己祖上"以军功授千户"；另一方面，"富国强兵"一直是张居正追求的政治目标。

然而，说了这么多，如果你以为张居正一出生就是千户大人，那可就想错了。事实上，张关保的千户荣耀传了四代就跟张居正所在一支拜拜了。因为张居正的曾祖父，即张关保的四世孙张诚是家里的老二，没有资格继承职位，所以千户大人这个词从张诚开始就与张居正无缘了。

不过，这不失为一件好事。试想，如果张居正出生就顶着一个准千户的帽子，那他的人生注定要少了很多学习奋斗的意味。很可能是，明朝多了一个千户大人，却要少了一位治世名相。

注定做不了千户大人的张诚在感慨了一番命运之后，索性在成家之后就移了民，移到了李白笔下"千里江陵一日还"的江陵，也就是今天的湖北荆州。

所以，张居正出生在江陵，是土生土长的江陵人，他常自称"江陵张太岳"（太岳是他的号），人称"张江陵"。

沐浴不到祖先的荣光，不甘寂寞的张诚便把期望寄托在了下一代身上。看看他给三个儿子起的名字吧：老大叫张钺，老二叫张镇，老三叫张釴。

钺，音同"越"，是古代一种带有长柄的斧子，既可以作为兵器，也可作为仪式、仪仗的道具，由青铜打造；镇，是镇纸，就是写字作画时用以压纸的东西，多为长条形，最早以青铜为材料；錪，音同"易"，就是一种左右两边各有一个耳朵的青铜器，自然也是青铜做的。

由此可见，这位张诚在起名上还是颇有水平的。因为他三个儿子的名字都与青铜有关，青铜器在古代十分贵重，有"国之重器"之称，这表明张诚希望诸子都可以成器；此外，钺、镇、錪，有文、有武、有大器，又代表张诚期望三个儿子在不同领域有所作为。

张居正在《答楚按院陈燕野辞表闱》中写道："昔念先曾祖，平生急难振乏，尝愿以其身为蓐荐，而使人寝处其上。"意思是他的曾祖父张诚济世救难有善心。可是，张诚的儿子们却并没有多大的出息。

理想很丰满，现实很骨感。张诚三个儿子中，老大、老三，一位经商可称小康之家，一位是读书人尚能温饱，表现皆平平。张居正的爷爷——老二张镇更糟糕，是个浪荡青年，终日不务正业，游手好闲。

也许是出于同情弱者的心理，张诚偏偏最宠爱这位扶不起的老二，十分溺爱他。于是，张镇便更加放浪不羁，不务正业。

张居正在《谢病别徐存斋相公》一文中曾经自述"起自寒士，非阀阅衣冠之族"，意思是自己出身寒门，并不是什么名门望族。这大概说的就是爷爷张镇那段时期。

当然，张镇也有优点，传闻他非常讲义气，为人也比较豪爽，有大侠风范。张居正出生的时候，张家的生活水平已经有所提高。因为此时在张诚的帮助下，张镇依靠自己不务正业时期锻炼出来的强壮体格，已做上了辽王府的护卫。

明代王府，就是皇帝儿子的府邸，做不了皇储的皇子，就在地方上做王，其府邸就叫王府。可见，张镇谋到这个差事，那是一下子进入体制内，拿的是铁饭碗了。张镇对这个差事也是十分珍惜。

虽然张镇找到了一份稳定的工作，但毕竟也不会有什么太大的出息了。于是，张诚便把出人头地的希望寄托在了张镇的儿子身上，希望他能"学而优则仕"，考取功名，振兴家业。这一次，张诚又在起名上下起了功夫，他给自己的孙子取名"文明"，字治卿，希望他可以成为王

公卿相。

　　张文明也确实不像他爹那样总是让长辈失望，而是认真努力、踏踏实实地读书考试。只不过，张文明才华有限，奋斗一生才相当于是个秀才。直到他儿子张居正考中了进士，他却连个举人也没考上。我们可以想象一下他面对着现实、无奈的样子：当年的小白圭，现在的居正都考中进士喽！我这个当爹的还不如自己的孩子！想必，我老张家出人头地的理想是为我这天才儿子准备的喽，罢了，罢了，奔跑吧，儿子！

　　就这样，张家振兴家业为国效力的接力棒传到了年轻的张居正手上。张文明口中的"白圭"，是张居正孩提时代的名字。

梦里白龟送祥瑞

　　张居正出生于明朝嘉靖四年（1525 年）五月初三，最初的名字叫张白圭。据说，这个名字的由来和他曾爷爷的一个梦有关。

　　像中国其他大人物出世时一样，关于张居正的出生也有着一些似是而非的神秘传说。张居正长子张敬修所著《太师张文忠公行实》记载了三件事。

　　说张居正的母亲赵夫人在怀张居正前，一晚突然发觉屋里有火光，并直冲云霄，接着一个五六岁的青衣童子从天上慢慢下来，绕着床嬉戏，一会儿就不见了！之后，她就有了身孕。张敬修还说赵夫人是怀胎十二个月才生下了张居正。

　　而就在张居正出生的前夜，他的曾爷爷张诚做了个梦，梦见一轮明月落在水瓮中，霎时间满瓮光亮，随后一只白龟从水光里浮了上来。

　　在同一个晚上，张居正的爷爷张镇也做了一个梦。他梦到家里突然进了很多水，整个院子都泡在水里。他问下人："哪里来的这么多水？"下人回答说："水是从张少保地里流过来的。"

　　白色的乌龟？那可是罕有。我们常见的乌龟一般都是墨绿色的，白乌龟是何方神圣？乌是黑的意思，再加上白，那岂不是"白加黑"了？这当然是句玩笑话，但要知道，古人认为见到稀有颜色的动物一般是一

种吉祥之兆，也就是说白乌龟代表着大吉大利！

"少保"是太子少保的简称，是朝廷里的大官，与宰相同等尊贵。此时的张家才不过算是有个秀才，哪里有什么太子少保呢？那么，这个梦很可能预示着张家将来要出大官。

张居正这两位长辈的梦还有一个共同点，那就是梦里都有水。这又是什么意思呢？按照解梦神书《周公解梦》的说法，梦到水往往是有好事要发生。

张居正的爷爷张镇梦到的是水加少保，曾爷爷张诚梦到的是水加白乌龟，意味着这个婴儿将来必定不同凡响！再加上天降青衣童子和怀胎十二个月，这还了得！

老爷子振兴家族的梦想又一次蠢蠢欲动起来。于是，他再次祭出了他的绝招——起名。这一次，他因为他的梦直接将"白乌龟"的谐音"白圭"作了曾孙的名字。"圭"是玉的意思，想必张诚是希望这个"神奇"的曾孙可以像白玉一样无暇，并且有朝一日能手持玉笏。至于他为什么不按照张镇的梦给曾孙起名，张敬修没说。

"张白圭"这个名字的由来，今天听起来至少非常精彩。在人生的前十二年，张居正用的就是这个名字。同时，身上笼罩了如此之多的神话，张居正无疑是被家族寄予了厚望的。

事实上，张白圭也没有让人们等太久，在他两岁的时候，就被发现了一些天才的萌芽。

一天，张居正的堂叔父张龙湫正在读《孟子》，张居正站在一旁观看。

这个叔父应该也是知道些张居正出生前的神奇事件的。半是考验，半是开玩笑，他对张居正说："小孩哪有什么天才，你能认识'王曰'二字才算是真正的本领。"张居正于是默记在心。

第二天，奶娘抱小白圭来到院子玩耍，张龙湫又在读《孟子》。这时，小白圭晃晃悠悠地朝他的堂叔走去，接着就用手指着堂叔手中的《孟子》说："王曰。"

小白圭的这个举动不仅让堂叔十分惊讶，也令全家人感到十分不可

思议，因此家人更肯定地认为小白圭是个天才。事情传扬出去，乡邻也皆以张居正为神童。

此后，张居正的神童迹象越发明显起来。"王曰"事情之后，张居正便开始认字，五岁时就会作诗。到了十岁时，就已经通晓六经大义，文章也是信手拈来。荆州到处流传着这个神童的故事。

明朝中后期，一共有三位名动天下的神童：一是"桃花庵主"唐寅唐伯虎；二是"青藤道人"徐渭徐文长；还有一位就是张居正。对于张居正，后世往往并不知晓其年幼时异人的禀赋，只知他后来在政坛上呼风唤雨。

对于"神童""天才"一类现象，古往今来的有识之士大多持这样的看法：东汉末年，陈韪曾评价孔融"小时了了，大未必佳"；北宋名相王安石有名作《伤仲永》，说的是所称的神童长大后"泯然众人矣"。

但这些显然不是针对张居正、唐伯虎、徐渭等人。

张居正相比唐伯虎、徐渭等人，还不太一样，某种意义上可以说"更胜一筹"。

像唐伯虎、徐文长之流，一生狂狷，郁郁而终，没有舞台让他们充分地施展抱负，成就理想，只有在后世人中得到褒扬。

张居正则是真正能够在他人生中就能充分影响国家、造福人民的"国家栋梁"。这两者是不同的类型。

虽然一种是"老子"式的隐居人生，一种是"孔子"的济世为怀，两者都为传统知识分子所推崇。但后者显然更受传统知识分子的欢迎，而前者多为不得已。

张居正不仅"小时了了"，而且"大也甚佳"，甚至可以说是"极佳"。他不仅高登朝堂，做了内阁首辅，而且发动了一场与"商鞅变法""王安石变法"齐名的变法运动——"一条鞭法"，深刻影响了明朝乃至中国的历史进程，真正做到了治国、平天下。我们继续往下看。

十二岁的时候，年幼的张白圭不费吹灰之力就考上了秀才。

民间有这样一个故事：在他参加考试之前，当时的主考官荆州知府

李士翱也做了一个奇梦，梦到玉帝让他转交给一个小孩一个包袱，他打开包袱后看到一块玉印，因为只是个梦，所以李士翱并没有放在心上。

考试后，李士翱看到张白圭的文章，大为赞赏。荆州府点命中榜之人的时候，李士翱第一个就把张白圭叫了上来。

"白圭"正有白玉印之意，李士翱一见到本人，更让他大吃一惊，"白圭"正是自己昨晚梦中见到的那个孩童。

李士翱一想，原来是这样，冥冥之中，玉帝是要让他把玉印交给这个孩子。可这孩子已经叫白圭了，该怎么把玉印交给他呢？

最终，李士翱想了一个办法，告诉张白圭，他将来一定是一个人才，"白圭"这个名字虽然也很不错，但是比较小气，如果功成名就用这个名字就不太合适了，就叫"居正"吧。

古人有句话："其身正，不令而行。"也有这样一句话："法正则民悫（què，诚实谨慎）。"李士翱希望张居正做一个为民谋福的清官。之后，他还鼓励张居正刻苦读书，将来报效国家。

张家的长辈得知荆州知府要为小白圭取名后，也欣然答应。张居正这个名字就是这样来的。

史实上，李士翱也确是张居正人生中的第一位恩师，他还向湖广提督学政田顼极力推荐张居正。田顼为了考验张居正，让张居正当场作文章《南郡奇童赋》。张居正表现非常出色，最终被田顼肯定。

从此，张家的这位天才儿童便告别了稚嫩的张白圭时代，不仅有了新的名字，还有了更为光明的未来。

然而，讲到这里，读者朋友恐怕要疑惑了，说了这么半天，这张居正的表现和历史上的其他神童相比也没有什么明显的不同呀，不都是小小年纪就十分了得吗？

是的，到考上秀才这里，张居正确实还没显出他在神童界的不同。但是您别着急，精彩的还在后头。

一年之后，十三岁的张居正向举人发起了冲击。一年前刚刚轻松考上秀才的他，这一次自然是信心满满，周围的人也都对他充满了期待。

然而，惊人的一幕发生了——张居正在神童界成为异类的历程开启了。

嘉靖十六年，十三岁的张居从荆州来到了武昌参加三年一度的乡试。

但是，怎么回事，在这次的乡试中，张居正竟然落榜了！

神童的"慢动作"

神童的突出特征就是成材早、成名快。然而我们这一节说的却是神童的"慢动作"。怎么回事呢？这还要从张居正参加乡试之前说起。

当时，所有人都认为张居正是个神童。在这种舆论氛围下，年少的张居正自然也是轻狂有加、志得意满。他曾在应考前信手作了一首咏竹的诗，如此写道："绿遍潇湘外，疏林玉露寒；凤毛丛劲节，直上尽头竿。"

画龙点睛的是最后两句"凤毛丛劲节，直上尽头竿"。什么意思呢？

"凤毛"，即凤凰的羽毛，后指珍贵稀少之物，在这里，是指出类拔萃的人才。张居正的意思就是：我要以竹子为品格，扬凤毛之才，登上百尺的竿头，一展我的青云之志。这首诗证明张居正小小年纪就有宏伟目标和志向。

从一般、积极的角度看，这首诗体现了青年人的自信心与进取心。

当然，也可以说这首诗表达了张居正的骄傲与野心。

所以，从更长远的角度来看，为了一个长远的未来，这种已现亢进的心态需要得到适当的调节甚至是"泼冷水"，才能使人清醒下来，不至于被暂时的辉煌冲昏了头脑，以至于葬送了前程。

事实是，张居正在十三岁的时候，考上秀才仅一年之后，便恰到好处地经历了一次"失败"。这次失败使张居正膨胀的心冷却了下来，使他极速前进的脚步慢了下来，也使他的人生轨迹从此和历史上的其他神童变得不同。

当时，张居正早已是远近闻名的神童，不仅被亲友乡民寄予厚望，就连当地政府的几位要员也对他颇为看重。其中对张居正最为关注的一位便是时任湖广巡抚顾璘。

按理来说，凭着张居正当时的答卷和他的声名，应该是很容易通过考试而中举的。可是，就是这位目光远大的巡抚却给了张居正一记"当头棒"，从而使他的这次科考落第了！

据《明史·文苑传四》记载，顾璘原籍应天府上元县，在张居正还没有成名前就以文章闻名天下，与同县的陈沂、王韦合称"金陵三俊"。后来，这三人又与朱应登一起，并称为明朝的"四大家"。

这位富有才华的巡抚，其实很早就与张居正相识了，并且对他颇为器重，就是前面说的学政田顼推荐的。

张居正在《与南掌院赵麟阳》中曾经回忆道，顾璘和自己初次交谈后，"一见即许以国士，呼为小友"。意思就是说，顾璘第一次和张居正交流，就认为这个孩子将来必会成为国之栋梁，并和他以朋友相称。

然而，也正是这位顾巡抚亲手促成了张神童的落榜。这又是怎么一回事呢？

原来，在这次乡试的阅卷阶段，顾巡抚向朝廷派来主持招录工作的监察御史建议道：

"张居正的确是一个大才，我们让他早些中举，本来也没有什么不可以的。不过，我觉得最好让他迟几年才中举，这样他才能够更加老练，对他将来的发展也更好。当然，这是你的事情，一切还是请你斟酌。"

听了顾璘的话，这位监察御史很是犹豫。因为，首先，他本人看了张居正的试卷后，也对这位名震当地的神童非常喜爱；其次，另一位科考官员湖广按察佥事陈束坚决反对让张居正落榜，理由是将来的事是难以预测的，现在就凭张居正的试卷，不录取他绝对是埋没人才。

这位官员说："不能由一些未知的事情就作此结论。从考卷上来看，张居正的水平是最高的，如果这次不录取他，那么就违背了考试公平的原则。这么年轻的人才也就此埋没了。"

最后，经过反复思想斗争与利弊权衡，这位御史还是采纳了顾璘的建议，忍痛让张居正落了榜。这就是神童张居正首次参加乡试便惨遭弃

用的前因后果。

那么，面对这样的结果，我们的主人公张居正是什么反应呢？他有没有感到愤愤不平，或是怀疑有什么考试黑幕，甚至找主考官理论一番呢？

答案是，没有！

这究竟是为什么呢？原因我们大体可以归结为两个方面：

其一，是顾璘方面。在做出这个"判决"之后，顾璘主动找到张居正，直接向这位忘年交小友坦白，说不录取他完全是自己的主意。这体现了顾璘作为一个前辈的光明与磊落，在一定程度上起到安抚张居正的作用。

其二，也是更重要的，是张居正本人所表现出的素质。那就是，他不但没有怪罪顾璘，反而在此后的一生当中，都对顾璘充满了感激与敬意。

正如张居正在《与南掌院赵麟阳》中所说的："仆自以童幼，岂敢妄意今日，然心感公之知，思以死报，中心藏之，未尝敢忘。"

翻译成白话就是：那时我年纪尚小，当然不敢妄想将来会发生什么。但我懂得顾巡抚是真的为我好，我常想不辜负他的厚望，愿鞠躬尽瘁、以死相报。这种想法，一直延续至今。

这是年幼的张居正的智慧之处。他坦然接受了顾璘对他的安排，从未来看，张居正所受的挫折不是太多，而是太少。这些挫折可以使他更懂得如何经营自己的人生。

张居正还需要更多的时间去丰富自己。

少年的"政治智慧"

张居正是什么时候中举的呢？十六岁。

中举后，顾璘邀请张居正来自己家吃饭，不仅以正式对待客人的礼仪招待他，还把自己的儿子介绍给他。顾璘对自己的儿子说："这便是我以前常常提到的那位江陵张秀才，他现在中了举，他日必为国之栋梁。你要好好向他学习，将来可以去投靠他做一番事业。"

但是，没了顾璘等的善意干扰，张居正也并没有变得一帆风顺。直到嘉靖二十六年（1547年），张居年满二十三岁时，他才考中进士，正式入朝为官，开启他的"名相"之路。

在这十年时间里，张居正又过着怎么样的一个人生呢？

张居正得到的赞誉已经很多了，他不需要更多的赞誉；他的科举之路并不顺畅，他也未必都埋头于"八股文"。当然，也不太可能出现另一位"顾璘"人为设置障碍了。那么，他在忙什么？我们又能从中看出什么呢？

在这十年中，我们可以看到一个与此前舆论不一样的张居正，也就是说一个具有"政治智慧"的少年。

张居正作为一名政治家，并非通过浸淫官场，才具有"政治智慧"，这种智慧可以说早有积累。这还利于我们从中看到张居正的未来。

首先，从张居正十六岁中举后想要"更上一层楼"考中进士，却三次才如愿说起。按照当时的科举制度，考中举人后还有一次会试，会试的最高级别称为殿试，殿试一旦过关，那么就会成为进士。

张居正乡试中举的第二年，也就是嘉靖二十年（1541年），正好是全国会试的一年。但是，张居正放弃了这次机会。

什么原因呢？原因有二：一是，张居正当时的年龄还较小；二是，张居正对于儒家经典不够重视，他更醉心于其他古典书籍。

第二个原因也造成了张居正在嘉靖二十三年（1544年）的会试落败。会试的机会非常难得，他只能再等三年。

张居正后来在写给儿子张懋修的一封信中对这次落榜发表了看法。他在信中写下这样几个关键词："弃其本业，而驰骛古典……甲辰下第。"

意思就是，他放弃了会试的必考科目——儒家经典，沉浸在其他古典书籍里不能自拔，导致了甲辰年进京参加会试，结果却落第了。

张居正整封信表达的是，因为他年轻时轻易地考中了秀才、举人，所以变得懒散骄傲，认为考取进士也是不费吹灰之力的事，于是自己放

松了对学业的钻研，尤其是放松了科举考试的本业——儒家经典和八股文章的钻研，最终导致了他的失败。

用今天的话就是，考试必考的内容不看，倒喜欢看不考的内容；教科书不爱看，总看课外书。

事实上，张居正不仅疏于这方面的学习，而且在这方面也缺乏才华。

前文提及，荆州李士翱向湖广提督学政田顼极力地推荐张居正，田顼也对张居正非常喜爱。

田顼还对李士翱说："太守认为这个孩子比起贾谊怎么样？"李士翱回答说："贾谊恐怕也比不上他。"

贾谊，西汉著名政治家。贾谊有《过秦论》《陈政事疏》等传世名篇，《陈政事疏》直指当时社会的弊病，并提出改革的方案，曾被赞为"西汉第一雄文"。

张居正为官不久也写了一篇《论时政疏》，可明显看出张居正对贾谊的模仿。照此推断，张居正更加喜欢经天纬地的治国之书，而不喜欢四书五经。

所以，张居正不喜应付会试的"八股文"。他的才华更多地表现在治国之才上，即政治思想与智慧。

从后人为张居正编撰的《张太岳集》中的张居正作品看，他也并不算什么文学大家。此外，张居正自己也曾说过，他"不刻意为文"。

所以，张居正更加擅长治国理政，而对于"八股文"并不擅长。这也是他会试失败的原因。

张居正中举前后以及成为进士之前的主要精力就花费在这上面。这件事情能够充分体现张居正"政治智慧"的起源。

有一件事情，可以看出张居正"政治智慧"的水平。

前面讲过，张居正的爷爷张镇早年是一个不务正业、游手好闲的人。但是后来，张镇谋到了在辽王府当护卫的差事。但是，张镇却死在了任上。这里的死并非正常死亡，其中有一段"血雨腥风"。

一个傍晚，辽王朱宪㸅刚从外面回到府邸，就开始踢椅子、摔桌

子，发泄着一个叛逆期少年心中那熊熊的怒火。

朱宪㸅只有十六岁，而他的愤怒，来自他的母亲。这次外出，正是受了他母亲毛妃的刺激。

毛妃不是朱宪㸅的亲生母亲。朱宪㸅是上一代辽王和一个不知名的小妾生的孩子。朱宪㸅作为辽王唯一的儿子，是王位的继承者，所以他那地位低下的生母便丧失了抚养儿子的权利，毛妃则成了朱宪㸅的监护人和实际的抚养、教育者。毛妃是一位严母。他始终摆脱不了被母亲训斥的命运。

这一次，母亲又把他教训了一顿。

其实，这顿训斥也并没有什么特别的来由。朱宪㸅虽然也是游手好闲的主，但最近并没有犯什么错。原来是朱宪㸅的一位同龄好友最近考上了举人，毛妃就以此教训朱宪㸅不务正业。

而这位新晋举人，就是张居正。

张白圭以十二岁的低龄考上秀才的时候，就已经是名震荆州的神童了。不久，毛妃得知了自己府中的护卫张镇竟然就是这位神童的爷爷，高兴得不得了，就让张镇把自己的这位神童孙子带到辽王府里玩。

毛妃见到张居正，一下子就喜欢上了。又因为张居正和朱宪㸅同岁，所以她自然就让两个孩子做了朋友。

毛妃是望子成龙的，对于儿子和张居正，她当然更加欣赏后者。相比之下，她便总是看朱宪㸅不顺眼，甚至当着别人的面教训他说："你这样不知进取，将来要被张居正牵着鼻子走啊！"

说者无意，听者有心。身为辽王，朱宪㸅难以忍受这样的挑衅与威胁。所以，他产生了仇恨。

随着张居正十六岁又成为荆州一带最年轻的举人，朱宪㸅心中的愤恨进一步加深了。

当朱宪㸅正式继承王位，毛妃也管不住他了，于是他就想出了一个狠招！

什么招？请张镇吃饭。张镇就是张居正的爷爷，辽王府的护卫。

为什么说这是狠招呢？且听我慢慢道来。

当时，朱宪㸅以为张居正庆功的名义，专设了酒席，但宴请的人只有一个，那就是张镇。当时，张镇正在当班，一听这个，高兴得不得了。

可是，张镇并不知道，他这一去，就再也没能回来。

在酒席上，朱宪㸅一杯杯地赐酒给张镇。张镇高兴呀，就来者不拒，一杯杯地往下灌。最后，实在是喝不下去了，但是朱宪㸅并没有罢休的意思。张镇就只能硬着头皮继续喝，继续喝，继续喝……最后，悲剧发生了——张镇醉死在酒桌上。

张镇的去世让张家从张居正中举的喜悦中一下子跌落至悲恸中，而且非常气愤。由于势单力薄，所以张家就是再恨朱宪㸅，也只能忍气吞声。

在爷爷张镇被朱宪㸅灌死之后，张居正看起来并没有怪罪朱宪㸅，反而一如既往地和他称兄道弟。这又是怎么一回事呢？

原来，张居正在十六岁中举之后，便去拜访了他的恩师顾璘。会面中，顾璘对张居正说，是自己不好，耽误了他三年的时光。如今中举后，希望他继续努力，以匡扶社稷为己任，以治国济民为目标，要做商朝伊尹那样的千古名相！

张镇事件后，虽有与朱宪㸅的恩怨，但张居正还是潜心学习，这样的耐力和气魄不是一般人能有的。

当然，张居正还是要报仇的，只是在方式方法上并不是鲁莽冲动的。

我们先插进张居正步入官场之后的一个小片段。在步入官场之后，张居正曾为躲避政治斗争而回家休养了三年。在此期间，他继续和辽王朱宪㸅的"友情"，经常随这位辽王游山玩水，饮酒作乐。

张居正在朱宪㸅跋扈作乐的时候，把这位辽王的诸般违法行为都记录了下来。什么欺男霸女、私立继承人、擅离封地……这些对于秋后算账极为重要的证据，都被张居正牢牢地掌握了。

后来，张居正写了《论时政疏》，针砭时弊。在这篇文章中，张居正把当时大明王朝政治危机，从各个角度进行了透彻的分析，充分展示了自己敏锐的政治家眼光。当时的内阁大臣、后来的内阁首辅徐阶看到此文后，给予了高度评价，并有意将他培养成自己的政治接班人。

在这篇文章中，张居正层次清晰地列举了当时大明王朝所面临的最棘手的五大政治危机：第一是宗室问题；第二是人才问题；第三是官僚问题；第四是军备问题；最后是财政收入问题。后来，在发动社会改革、开创万历新政的时候，张居正就是以这几大问题为基础而制订改革计划的，可见这篇文章是相当有分量的。

张居正首推"宗室问题"，与朱宪㸅是分不开的。

隆庆二年（1568 年），也就是嘉靖帝去世之后不久，朱宪㸅迎来了自己彻底倒台的日子。

张居正做了这么多，当然是有预谋的。我们不能说张居正和朱宪㸅只有私仇，不可否认，朱宪㸅作为辽王并不称职。

但从这件事情中，我们可以更加生动地看见张居正的"政治智慧"，以及他的政治人生。政治，也有人把它称为斗争艺术或妥协艺术，只有具有一定程度"城府"的人才能参与。张居正在早年就充分地表现了这一点。

第二章　初涉官场事多磨

站在政治风暴眼

无论是会试落榜，还是与朱宪㸅的私人恩怨，都阻挡不了张居正在人生之路上继续前进的步伐。嘉靖二十六年（1547 年），二十三岁的张居正顺利考中了进士，一下子进入京师的朝廷，正式开始了自己的仕途。

我们说，中国古代科举最大的一个特点，就是总体上公平公正，即使寒门子弟，只要榜上有名，就能做官。这就给了底层人民望子成龙的希望和实现梦想的途径。张居正就是依靠科举考试出人头地的。

上一章我们讲到，张居正的志向在于治国安邦、济世救民。然而，在进入官场之初，踌躇满志的他并不能马上投到自己最想做的事业中去。这是为什么呢？

我们先来谈谈那时朝廷的政治环境。

当朝的皇帝是明世宗，即嘉靖皇帝，他早年非常英明，做了许多兴礼作乐的事，比如废除孔子文宣王的尊号，称其为先师，去除孔子的塑像，对盲目迷信儒家的历史传统做了一次拨乱反正。

到了张居正入朝为官的嘉靖二十六年，世宗已经四十一岁了。但是，从嘉靖十八年开始，世宗就不再上朝，后来甚至连宫内也不住。

嘉靖皇帝经历了一段时间的励精图治后开始厌倦，还有从嘉靖二年起，他就开始修行道教，整天跟道士混在一起。

明朝政治的核心是内阁。它是皇帝的一个秘书厅，专门负责为皇帝

起草诏谕。内阁里的成员称为内阁大学士。内阁成员维持在四五人的班底，但有时仅有一人，他们都是皇帝任命的。内阁负责诏谕的起草，因此事实上掌握着很大的权力。

在内阁讨论问题时，逐渐形成了一种领袖制度，这就是明朝著名的首辅制度。

张居正入翰林院的时候，内阁中正在进行着一场激烈的政治斗争。内阁大学士只有夏言、严嵩二人，二人在争夺首辅职位上相互斗争。

接着让我们了解一下张居正的职位。

张居正考中进士之后，做的第一个官，叫翰林院庶吉士。

"庶吉士"三个字，取自《尚书》"庶常吉士"这个词。庶，意为众；常，意为祥；吉，意为善。连起来大体就是对青年才俊的一种美称。

明朝设此官职，目的是让那些初入官场的青年人才，先旁观、见习一下政府的工作是如何进行的，所以只是一个实习的岗位。做"庶吉士"就像今天大学生的实习阶段一样。

那么实习多久呢？今天我们很多企业的实习期是三个月，而这个庶吉士，国家行政储备人才的实习期可就没那么短了，要三年才可以。

庶吉士在翰林院中主要学习研讨诗文，也钻研朝章国故。

张居正在翰林院学习期间，他的注意力不在文章诗词。这也是他一贯的态度。

当大多数的进士们颇有兴趣地讨论着怎样才能作出西汉的文章、盛唐的诗句时，他悉心研究朝章国故，从明太祖开国到现实环境中的种种危机，都在他的研究范围之内。

但是，在未成为进士之前，张居正的主要精力也在这些方面。他为什么还是在做研究，而不立即参与政治呢？

原因我们可以从张居正和严嵩的交往中得知。

当时，严嵩作为内阁大学士，同时也是翰林院的长官，他的一切公务都使用翰林院的印，因此严嵩往来于内阁和翰林院办公时，张居正会和严嵩发生联系。

张居正对当时权倾朝野的严嵩采取的是合作态度，还为严嵩代写了

不少文章，比如《圣寿无疆颂》《得道长生颂》《代谢赐御制答辅臣贺雪吟疏》等。

起初，张居正对严嵩的态度并不差。因为严嵩是自己的上级，涉世未深的他当然比较谨慎。尽管他从朝廷其他人口中得知了关于严嵩的一些负面消息。

风云变幻的官场形势，使得张居正保持了中立、不偏不倚的状态，他在观察形势，探索自己的前途。

张居正顺利地通过了实习期，在三年期满后，从庶吉士升为翰林院编修，属于正七品官职。

那这个翰林院编修又是个什么工作呢？主要负责编写国史和实录。

明朝的翰林院是个重量级的单位，类似于现在的国家行政学院。《明史·选举志》记载，凡能进入内阁的人，都要先在翰林院工作学习一段时间。也就是说，翰林院也是个学习培训的地方。什么培训方向？内阁成员！

此时的张居正没有实权。他只能上些奏疏，不能参与实际的政治决策。

嘉靖二十八年（1549年），张居正觉得时机有些成熟，所以他向嘉靖皇帝上了第一次奏疏，即著名的《论时政疏》。

张居正指出的五种政治危机是：宗室势力过大、官员不尽职、吏治不好、边境守备不严和财政开支太大。他认为解决的方法是"通上下之志，广开献纳之门，亲近辅弼之臣"。

此时，嘉靖皇帝正将全部心思放在对道教的研究上，朝政因此荒废，政局越来越乱。

张居正在奏疏中说："臣听说英明的君主不会憎恶臣下言辞危切的进谏，因而在青史留名；仁人志士不回避杀身之祸而向皇帝直言进谏，使得国事避免失误，因而功勋流芳百世。"

但张居正面对的嘉靖皇帝已经变得昏庸，他只喜欢听好话，不喜欢臣子对自己提意见，因此根本没有把张居正的奏折放在眼里。

张居正知道这样的上疏迟早会惹祸，在这之后很长一段时间里，张居正再不对时政发一言一语，又进入了静默时期，

嘉靖二十九年（1550年）正月是严嵩七十岁的生日，文武百官前来向他道贺。

张居正在众多拍马屁的人之中也占一席。他给严嵩写了一首名为《寿严少师三十韵》的贺诗，说明他对严嵩在朝廷中的得宠地位非常清楚，这是他明哲保身的行为。

当然，此时的张居正并不知道严嵩是一个奸臣，尽管他认为严嵩有很多误君误国的表现，但还不至于彻底否定严嵩。所以，他对严嵩的态度也属于官场上的客套与虚伪。

使得张居正表现得如此不自在的朝廷中，到底有什么尖锐斗争正在上演呢？

严嵩的上位

第一场斗争就是严嵩与夏言的斗争。

夏言，字公谨，贵溪（今江西贵溪）人。严嵩和夏言都是江西人，严嵩来自分宜，夏言来自贵溪。但是，这两人却毫无同乡之谊，只有相互的敌视。

在嘉靖二十三年以后，严嵩曾经当过一年有余的首辅。但到了嘉靖二十四年，嘉靖皇帝就让夏言进了内阁，由于他曾经当过三年首辅，资格比严嵩老，因此严嵩只好退为次辅。

张居正初入官场之时，夏言是内阁首辅，严嵩是内阁次辅。但张居正和夏言没什么交集，因为夏言很快就在与严嵩的斗争中失败了。

当然，夏言不是软柿子。他的履历非常华丽，在正德朝为官时，就受民间称颂，至嘉靖朝官路是一路畅通。他还比严嵩早整整六年进入内阁，而且能写一手好文章，很受嘉靖皇帝信任。

有一次，嘉靖皇帝想要给自己死去的父亲封一个太上皇的名号。但这样的做法是违背朝廷的礼法的。

原来嘉靖皇帝是半路登上皇位的，他的前一任正德皇帝没有子嗣，也没有同母兄弟，正德皇帝病故后没有人可以继承大位，于是大臣们就

一致推荐正德皇帝的堂弟朱厚熜当皇帝。朱厚熜就是嘉靖皇帝。

那么大臣们为什么这么不给新帝面子呢？大概是因为，他们都觉得，按照朝廷的礼法让你当皇帝已经是迫不得已的事了，所以你就应该谦逊一点，尊正德皇帝的父亲，也就是嘉靖皇帝的伯父为太上皇。

但嘉靖怎么能同意呢？同时，大臣们仍然不依不饶，就是不同意。君臣互掐的场面就这样在大明朝的最高统治集团里上演了。这就是明代有名的"议大礼"事件。

为了惩罚这些"硬骨头"的大臣，嘉靖渐渐地喜欢上了对他们施以"廷杖"。

何为廷杖呢？就是在朝堂之上把受罚者脱了裤子打屁股。嘉靖皇帝就喜欢这个，谁跟他不对付，他就给谁"廷杖"。然而奇怪的是，他越"廷杖"，反对他的人还就越多。到最后，大臣们竟然都以被嘉靖皇帝打过屁股为荣。

所以说，中国封建时代的君臣有一定程度的相互制约。碰到这等事情，嘉靖皇帝只能期望有大臣支持他了。

在嘉靖皇帝因父亲的名号而与群臣较劲的过程中，夏言刚开始站在群臣的立场，但很快他站了出来，力挺自己的直接领导。他觉得，你们这些大臣呀，都太迂腐了。皇上不就是想给他去世的父亲上个太上皇的尊号吗，有什么了不起的呢？封号不就是个好听的名号吗。你说你们这些人，那么多重要的军国大事不管，为了这么点芝麻大的事跟皇帝"有骨气"个什么劲。

因此，他就带领着一批人，和皇帝站在了一起。

位高权重的夏言站了出来，嘉靖帝的底气才算足了起来。嘉靖帝给父亲封号的事，最后让夏言给办妥了。嘉靖皇帝也就开始重用夏言，直到夏言被任命为首辅大臣为止。

那么，夏言在担任内阁首辅之后，表现怎么样呢？

还是很不错的，可以说兢兢业业，一心为公。但是，金无足赤，人无完人，夏言当然也有自己的缺点。什么呢？那也是有才华人的一个通病——傲气。

当上首辅大臣之后的夏言骄傲自大，再加上他的心性又十分傲慢，刚愎自用，在官场中夏言没有建立自己的人际关系网。夏言的这些缺点正是官场中所忌讳的，一旦没有他人的支持和拥护，夏言就会下台。

特别是，夏言不仅在同僚面前傲，就是在嘉靖皇帝面前，也很傲气。嘉靖皇帝也是位很强势的人啊。所以，君臣之间潜在的矛盾就埋下来了。

夏言存在明显的弱点，因此朝廷中不少人觊觎他的首辅之位，其中就有严嵩。

严嵩是在夏言当上首辅大臣很长时间后才进入内阁的，因此严嵩的资历比夏言浅很多，但是严嵩的目光却一直紧紧盯着夏言首辅大臣的位子。

嘉靖帝崇奉道教，因此经常要举办一些祭天之类的仪式。他也不住在皇宫里，而是住在西苑，专注养生数十年。北京今天还有西苑这个地方。祭天仪式中有个很重要的环节，就是火化青词。

那么什么是青词呢？

青词又称绿章，是道教举行斋醮时献给上天的奏章祝文，要求形式工整、辞藻华丽，并要使用隐语，不能说大白话，因为天机不能明说。所以创作青词是很有难度的。

而夏言和严嵩两人的命运，就因为青词发生了转折。

最初，夏言也为嘉靖皇帝写过青词，但他明显志不在此，到后来干脆糊弄了事。可严嵩不一样，他非常重视写青词这项"伟大的事业"，一度刻苦钻研青词的写作，后来甚至成了一代青词大师，因此深得嘉靖皇帝的欢心。再加上他"老实听话"，后来就晋升为内阁次辅，相当于副宰相。

但是，夏言觉得，严嵩没啥治国安民的真本事，就会拍"龙屁"、写青词，怎么能当副宰相呢？

夏言这么看不起他，严嵩在心里暗暗地记下了这个仇。他是一个睚眦必报的人，就在心中下定决心：一定要把这厮给干掉。夏言的位子一直是严嵩关注的焦点，而夏言对他的轻蔑又给了狭隘的严嵩一个理由。

　　说是严嵩与夏言斗争，其实一开始两个人并不在一个重量级上——夏言最初根本就没把严嵩放在眼里。

　　但是，严嵩非常有城府，从不表露自己的内心想法。

　　狡猾的严嵩利用老乡的关系与夏言接近，对于夏言的指示言听计从。沈德符在《万历野获编》中说到一个细节："如子之奉严君。"意思是，严嵩对夏言像儿子对待严厉的父亲一样恭敬。

　　但是，夏言丝毫不为所动。

　　根据《明史·夏言传》记载，夏言对严嵩"直陵嵩，出其上，凡所批答，略不顾嵩"。意思就是，夏言凌驾于严嵩之上，每议政事，都不征求严嵩的意见。可见夏言根本就不拿严嵩当回事。夏言这是麻痹大意。

　　嘉靖皇帝崇奉道教，终日沉醉在神思恍惚的道教仪式中。严嵩自然是投其所好，拍"龙屁"、写青词，但夏言就不同了，他以国家大事为重，对这些根本就不上心。这就给了严嵩揪他小辫子的机会。

　　一次祭天典礼结束时，嘉靖皇帝将两个香叶冠分别赐给严嵩和夏言。结果第二天，严嵩竟穿上道袍、戴着香叶冠上朝来了，还在轻薄的香叶冠外裹了层细纱，以示敬畏。

　　嘉靖看到自然十分惊喜，就转过头问夏言："你的呢？"

　　你猜夏言什么反应？他竟然直接就说："哪里有朝廷高官戴这东西的？况且还是在朝堂之上，实在是太不像话了！"夏言一点也没有给嘉靖皇帝面子。

　　嘉靖当时什么表情，我们已不得而知，但他嘴上没有说什么。退朝之后，严嵩就跑到嘉靖帝那里跪地抹泪，说夏言总欺负他、蔑视他。

　　夏言这次"大不敬"已经被嘉靖皇帝记下了。

　　于是严嵩再接再厉。

　　下一次，夏言随嘉靖皇帝微服出巡，但是夏言并没有按时到来。

　　严嵩又一次抓住机会，收买了皇帝平时较为信任的道士，让他在皇帝面前煽风点火，说一些夏言的过错。

　　嘉靖皇帝在一怒之下撤去了夏言首辅大臣的官职，严嵩就取代了夏言成为新的内阁首辅大臣。

但是，难道严嵩完全成功了吗？夏言的威胁还在！

夏言之死

严嵩就这样成为内阁首辅，但是夏言走后，严嵩只手遮天。慢慢地，他也露出了尾巴。一时间，朝廷贪污腐化成风，嘉靖皇帝虽然疏于理政，但也不愿看到污浊的朝廷风气。

没多久，嘉靖皇帝又任命夏言继续为首辅大臣，把严嵩降为次辅。夏言在恢复官职之后亲自主持一切事务。

尽管夏言包揽了一切事务，并避免严嵩插手，减少与严嵩接触的机会。但是，经历了上次失败的夏言仍然是傲慢的性格，在很多事务上依然我行我素。

尽管夏言为官并不同严嵩一样，不是一个奸佞之徒，这一点值得认同。但在恶劣的政治环境中，夏言很快又被人抓住把柄了。

明代的内廷，就是宦官所在的机构。宦官就是太监。他们是嘉靖皇帝身边的人，得罪他们往往没有好果子吃。

嘉靖皇帝派太监去夏言家传旨时，夏言往往十分傲慢。

《明史·夏言传》记载，夏言看到太监就"负气岸，奴视之"，意思就是，带着傲气像看奴才一样看他们。

和夏言不同，严嵩对待太监就很客气，皇帝身边的太监到严嵩那里传旨，他都会热情招待，与太监并坐。而且严嵩还和太监们称兄道弟，临走时送给他们很多金钱。

当然，他这么做的目的是接近皇帝，尽可能地掌握皇帝的一举一动。

严嵩很清楚在对待太监的问题上自己和夏言不同，于是他就抓住这一点，进一步挑拨夏言和太监的关系，导致宦官们也很恨夏言。

夏言因此得罪了许多太监。这些人就经常在嘉靖皇帝面前说他的不是，而说到严嵩时，都是不露痕迹地夸其忠心。

严嵩抓住每个机会，打击嘉靖皇帝对夏言刚刚建立的微弱的信任

感。严嵩不断离间夏言和嘉靖皇帝之间的关系，成效显著。

但夏言一心为国，忙于公事，并没有觉察嘉靖帝对他态度的转变，恐怕连严嵩正在和他斗争这件事都不知道。他像往常一样，牛气哄哄地做自己的内阁首辅，看不起严嵩，看不起太监。

杀人不见血的严嵩最终抓住了一个突发事件成功除掉了夏言。初入官场的张居正也"有幸"目睹了严嵩借势除夏言的全过程。

当时，鞑靼部在其首领俺答的带领下经常侵犯边境，不仅抢光百姓的东西，而且将村民杀死。边患难除，令夏言很苦恼。

嘉靖二十五年（1546 年），陕西总督曾铣想武力收复被鞑靼占据的河套地区。

曾铣是夏言一手提拔的，夏言对自己门生的提议，当然非常支持。而且，他也苦于解决此问题，曾铣的毛遂自荐让夏言看到了希望。

夏言自信地向皇帝保证，曾铣一定会胜利而归。嘉靖帝最初也表示支持，但是，此时的明朝已经失去了初创时的勇猛与进取，对待鞑靼，已从当初的主动进攻变成了被动防守，因此，嘉靖帝迫于国情，其态度也从支持转变为游移不定。

夏言对曾铣的鼎力支持还有另外一个原因。夏言的岳父苏纲与曾铣是同乡，又是挚友，他对曾铣的计划多有赞同。因此，夏言的岳父在一定程度上充当了夏言和曾铣之间的联络人，共同谋划出兵河套这件国事。

按照当时朝政中规定，这件事犯了大忌。

夏言过分自信了，也忽略了嘉靖皇帝猜疑的性格，而狡猾的严嵩就计划利用这一点彻底扳倒夏言。他还通过内廷里太监的关系，及时地了解到嘉靖并没有收复河套的决心。

严嵩抓住了这一点。

嘉靖二十六年（1547 年），夏言和曾铣正在整军准备出兵收复河套。这时候后宫却发生了两件大事：一件是后宫发生大火，火势蔓延至整个后宫；另外一件是明世宗孝烈方皇后去世。

嘉靖皇帝本就很迷信，这样一来他更加相信收复河套是不祥的兆头。

于是在皇帝举棋不定的时候，严嵩趁势诬告夏言和曾铣狼狈为奸、假公济私，以收复河套之名，行谋取私利之实。

嘉靖相信了严嵩的话。

嘉靖二十七年（1548年）正月，曾铣被以交结近侍、通敌、贪污、祸国的罪名打入大牢。随后，夏言也再次被罢官。参与收复河套一议的官员纷纷被贬官、罢官。

同月，鞑靼骑兵进入河套，声势十分浩大。严嵩继续煽风点火，再次向嘉靖皇帝进谗言："这次鞑靼进入河套，完全是因为曾铣开边启衅。"严嵩的朋党也乘机诬告曾铣犯了"欺君罔上"的罪名。曾铣很快被处死。

正从外地赶往京师的夏言听说这个消息，他一下子就明白是怎么一回事了——他意识到这是严嵩的阴谋得逞了——大呼了一声："噫，吾死矣！"

曾铣死后，鞑靼屡犯大同，进入宣府塞，永宁、怀来等都向京师告急。严嵩却在皇帝面前诬陷夏言，称鞑靼犯境正是因为夏言支持曾铣收复河套所引起的，如果当初他们没有上奏收复河套，那么鞑靼就不会在这个时候来侵犯。

夏言也就再难独善其身了。同年十月，夏言被绑至西市斩首。

这下朝野上下炸开锅了。在众人的议论声中，严嵩真正取代夏言，成为新一代内阁首辅，从此一人之下，万人之上。

夏言的死使初涉政坛的张居正了解了当时朝廷的阴暗斗争，而国家付出的代价是内耗不断、边患难除，这些都让张居正非常失望。

随着嘉靖二十八年（1549年），张居正的《论时政疏》没有得到重视后，他正式淡出政治。

愤而还乡

嘉靖二十九年（1550年）六月，俺答再一次侵犯大同。大同的总兵是仇鸾，是严嵩的心腹。

此人碌碌无为，以巴结严嵩上位。对于鞑靼来犯，他想到的竟然是贿赂这次来犯的头目俺答。这实在是滑天下之大稽。

仇鸾带着金银去请求俺答，希望其军队暂时不要攻打自己的防区，俺答欣然接受了仇鸾的请求，放弃了攻打大同的计划，转而引兵去攻打古北口。

如果说仇鸾就此作罢，他也不会惹祸上身。但是，此类人狂妄自大，贪得无厌。

蓟州沦陷后，俺答从古北口取道直逼通州，京师也在这个时候告急。这就是历史上著名的"庚戌之变"。

这个时候，仇鸾竟然毛遂自荐，上疏奏请，要求带兵援助京师，保护皇帝。仇鸾自以为是，以为自己抓住了敌人贪财的心思。

仇鸾的行为，当然让嘉靖皇帝十分高兴，皇帝称赞仇鸾胆识过人并任命他为平虏大将军。

于是，嘉靖皇帝下令犒赏仇鸾，这个时候户部尚书李士翱称暂时没有如此多的钱粮，皇帝听后十分震怒，当场罢免了李士翱的官职。这位李士翱就是以前的荆州知府，曾经发掘了张居正。

当时的北京没有兵力，支援部队又正在赶来。嘉靖皇帝只能求和。俺答考虑再三，觉得自己的军队也经不起久战，于是就撤兵了。

可这时，嘉靖皇帝又想打了。

李世翱因为此事被罢免后，时任兵部尚书的丁汝夔也慌了手脚。接着他便去求助严嵩，而严嵩的回答是："如果军队在边塞打了败仗或许还能瞒过皇帝，可是敌人已经打到了京郊，因此我们无法隐瞒皇帝，只好等俺答抢完后自行离去。"

丁汝夔自以为拿到了尚方宝剑，一直不出兵，任由敌军肆虐横行。他只整编出五六万人的军队，而且大多数是老弱残兵，做做样子。

俺答撤走后，仇鸾再一次让人大跌眼镜，他竟然拿着老百姓的人头向皇帝领赏，说是自己杀了很多敌军。而蒙在鼓里的嘉靖皇帝竟然再一次相信了他，并且加封他为太保，赏金千金。

历史上称这次事件为"庚戌之变"。这次大变之后，张居正认清了

朝廷的武备是多么松弛，也更加认清了严嵩这个人的本来面目。

但是，这次事件的真实情况最终还是被嘉靖皇帝知道了。为了掩饰自己的愚蠢，嘉靖皇帝竟然大张旗鼓下旨追捕丁汝夔。

丁汝夔听到风声后，又求助于严嵩，以为严嵩能够拯救他。但是，此时的严嵩只是敷衍了他一下。没过多久，丁汝夔还是被处死，成为严嵩集团的第一只替罪羊。

过了一年，大明王朝又要遭到鞑靼的"光临"，鞑靼已经很清楚嘉靖皇帝的脾气，他们只是来到北京"取走"下一年所需的金银财宝以及粮食等必要物资。

仇鸾还是用老办法，想再次勾结敌人，进而与之讲和。不过，尽管朝廷被严嵩牢牢控制，但还是有不少大臣表面迎合，实际上是绞尽脑汁想要扳倒严嵩。

其中最为愤慨的就是兵部员外郎杨继盛。

杨继盛，字仲芳，号椒山，保定容城人。嘉靖二十六年（1547年），三十一岁的杨继盛考中进士，接着进入内阁，开始入朝参政。

杨继盛同张居正一样，都是嘉靖二十六年（1547年）成为进士。张居正与他的关系是比较密切的。

仇鸾与俺答谈和的条件是同意重开马市，嘉靖皇帝当然也想尽快平息战乱，预备答应。

"马市"就是由俺答每年"进贡"若干马匹，朝廷则每年给予若干的币帛粟豆。

由于俺答"进贡"的马匹都是老弱病马，而得到的币帛粟豆却是生活必需品，这种做法是变相投降。

杨继盛听到这些条件后，十分坚决地反对重开马市，当时杨继盛不仅坚决反对这种做法，还弹劾了仇鸾，列举了仇鸾欺骗皇帝、卖国通敌等种种罪名。

可是，仇鸾也诋毁他说："杨继盛没有看过战争，把事情看得这样容易！"

嘉靖皇帝听信了仇鸾的话，不仅没有关闭马市，而且还将杨继盛贬

为甘肃的狄道典史。

仇鸾此前一直受严嵩庇护，但随着势力越来越大，他竟然开始与严嵩公然作对，俨然想取严嵩而代之。

上天要他灭亡，必先要他疯狂。这句话用这一个奸臣身上也非常合适。

严嵩的实力当然比他更强。于是，严嵩便将当年仇鸾杀百姓冒领军功的事抖搂出来，胆小的仇鸾在被嘉靖皇帝赐死前就郁愤而终了。

仇鸾死后，杨继盛被召回朝廷为官。严嵩看准了嘉靖皇帝对杨继盛的信任，所以就开始拉拢杨继盛。

在严嵩的授意下，杨继盛一年之内升了四次官职，但是正直的杨继盛当然不会与严嵩为谋。

因此，杨继盛在入朝之后就开始搜集证据，等待时机弹劾奸臣严嵩。

才一个月后，杨继盛就以十大罪状弹劾严嵩。

杨继盛和刑部尚书何鳌共写了《劾严嵩疏》，书中列出了严嵩的五十奸、十大罪，成为当时最有名的讨严檄文。

结果是，杨继盛被廷杖一百，关进了刑部监狱，直到嘉靖三十四年被杀死。这期间严嵩依旧不能撼动他。

杨继盛在牢中关了三年。当时，很多人想要救他，但都不敢轻举妄动。

嘉靖三十三年（1554年），因为对时局无可奈何以及对杨继盛的遭遇感到悲凉，更重要的是没有出头之日，张居正在担任翰林院编修五年后，以身体状态不佳为由，告病回到了故乡江陵，开始尝试隐居的生活。

国难之中识徐阶

说了这么多朝廷的黑暗事，倒是多少怠慢主人公张居正了。

要说张居正，我们则还要提起徐阶。

徐阶，松江华亭人，短小白皙，一个典型的江南人士。

前文我们讲到，张居正写过一篇《论时政疏》，此文唯独受到徐阶的赞赏。

明末学者周圣楷也在其《楚宝·张居正传》中记载："时少师徐阶在府，见公沉毅渊重，深相期许。"意思是，当时徐阶见张居正"沉毅渊重"，对他施以深深的鼓励与殷切的期望。也就是说，徐阶早就看张居正顺眼，想重点培养、提拔他了。

当时，徐阶是翰林院的掌院学士，而张居正是翰林院编修，也就是说，徐阶是张居正的直属上司。

杨继盛蒙难的时候，任礼部尚书的徐阶沉住气，没有意气用事。徐阶并非冷漠，而是保存自己的实力，而年轻的张居正则意志消沉。

张居正临走时，给老师徐阶留下一封《谢病别徐存斋相公》的长信。

在信中，他隐隐地抱怨徐阶"内抱不群，外欲浑迹，将以俟时"，意思是徐阶内外不一、一味等待，因此劝他像杨继盛一样。

张居正的口气明显是一个耐不住寂寞的青年人。

那我们看看徐阶是怎么做的呢？

夏言没死的时候，他认识到严嵩的奸诈时已行将垮台。所以，于公于私，他都要尽快提拔一位后来者。徐阶就是夏言选择的这位接班人。

夏言死后，朝廷中严嵩一手遮天，严嵩为内阁首辅，次辅是一个叫李本的人，而徐阶的地位仅次于李本。

次辅李本并不能威胁严嵩，但严嵩担心徐阶。出乎严嵩意料的是，徐阶一直对他表现出非常友好的态度。史书上记载，当时严嵩对徐阶是"中伤之百万"，意思是严嵩用各种办法排挤徐阶。但是徐阶都隐忍不言，态度表现得十分谦卑。

徐阶也有办法和嘉靖皇帝保持良好的关系，徐阶青词写得非常好，于是在不上朝的时候，嘉靖皇帝就经常召他进宫和他单独谈话。

徐阶不会一直没有作为。"庚戌之变"时，俺答已经围了北京城。解决这一问题的方法是求和，但求和并非易事。

在这件事情上，徐阶是出了大力的。

徐阶指出俺答的《求贡书》是用汉文写的，不能用为讨论的根据，

而且指出了没有临城求贡的理由。他与俺答交涉，只有俺答的军队退出长城而且改用鞑靼文写《求贡书》，并由大同守将转达，《求贡书》才能生效。

最后，俺答因经不起久战，就答应了。而徐阶为朝廷争取的这段时间非常重要。勤王部队赶到后，北京城危机才真正解除。

所以，嘉靖皇帝是信任他的。

为了让严嵩彻底放松警惕，徐阶还把自己的孙女嫁给严嵩的孙子，纵容自己三个儿子贪污钱财，目的就是麻痹严嵩。至于徐阶为什么这般奋不顾身，要知道能够隐忍的人都是有远大理想的，徐阶的目的当然是除掉严嵩。

嘉靖三十一年（1552年），嘉靖皇帝起用徐阶兼东阁大学士，进内阁参与军机事务。

在任期间，仇鸾开始坐大。徐阶知道嘉靖皇帝对仇鸾的反感，以及仇鸾和严嵩之间的矛盾。他主动接近仇鸾，顺利利用严嵩的手除掉了仇鸾，而严嵩并不知道。

说了这些，我们可以看到徐阶的高明之处。年轻气盛的张居正看到很多官场的黑暗，因此消极退隐。而徐阶则做了他的榜样，相比刚正不阿的夏言与杨继盛，徐阶在斗争技巧上明显更胜一筹。

张居正临走前，非常不理解徐阶，甚至认为徐阶只是一个圆滑之人，只会明哲保身。说明张居正那时并没有真正认识徐阶。而徐阶将成为他人生中又一位重要的引路人。

那么，张居正回到江陵后干了些什么呢？

首先是"终日闭关不起，人无所得望见"，张居正的确变得消极颓废了。他住在一个清幽的小茅屋里，种竹、养鸡、读书。

不过，这一有志报国的青年始终难以脱离政治。

当时，鞑靼不断来犯，而倭寇在江南不断袭扰，实有一种四面楚歌的感觉。

张居正还是不得不"益博极载籍，贯穿百氏，究心当世之务"。可是，他一个已经远离政治中心的小官能够做些什么呢？

他开始对他的家乡进行考察，在他的观念中，本以为大明朝政治上的腐败主要在朝廷，可是他发现自己错了，地方官府同样非常腐败。张居正从这时开始了从理论到实践，再从实践到理论的不断认识之路。

当时的明朝，宗藩势力极大，成为朝廷的经济和政治负担。同时，大地主的土地兼并，又使得很多农民失去土地；因为田赋太重、商业税太高，老百姓甚至吃不起饭，民风也变得奸诈，到处都是偷抢，社会问题十分复杂。

当他想着去解决这些问题的时候，忽然发现自己并没有实权。这时，他才真正醒悟：必须获得权力，才能实现自己的理想。此前，他一直认为如果自己的建议被嘉靖皇帝认可，他的理想就会实现，如今他不抱这样的幻想了。他似乎理解徐阶的良苦用心了。

嘉靖三十六年秋，张居正再次入京。张居正入京后，第一个见的就是徐阶。徐阶也认识到张居正的成熟，并开始重用他。

张居正在逐渐成熟，在政治风浪中，他模仿老师徐阶内抱不群、外欲浑迹，相机而动。此时的他已经站在了以徐阶为首的"倒严派"一边。但徐阶并没有让张居正直接卷入，这也是爱惜张居正的表现。

嘉靖三十七年，徐阶和严嵩的斗争逐渐具体了。刑部中的三位"徐派"同时上疏，列举严嵩破坏边防、卖官、贪污国库、陷害忠良、假传圣旨、任用奸佞等六项大罪。

严嵩知道这三位官员有两位是徐阶的门生，一位是徐阶的同乡，便在嘉靖皇帝面前挑拨，说徐阶的坏话。嘉靖皇帝这次并没有完全听信严嵩的话。当然，这几位还是都遭到贬谪。但是，相比杨继盛的遭遇要好得多。此事说明了严嵩的影响力开始下降。

这正是徐阶努力的成效。

徐阶大战严嵩

当时，严嵩已经做了十几年的内阁首辅。这期间，他不仅自己把持朝政，还培养出了一个得力的帮手，那就是他的儿子——严世蕃。而嘉

靖四十一年，正是这对父子最为猖狂的时候。

当时，由于徐阶一直以来的"忍者无敌"和"深藏不露"，所以严嵩集团在政治上长期处于"无敌"状态。正所谓绝对的权力带来绝对的腐败，严嵩和其子严世蕃的腐败在这一时期达到了顶峰。

尤其是严世蕃，更是"青出于蓝而胜于蓝"，不仅贪污受贿、大兴冤案，而且荒淫好色、欺男霸女，简直是无法无天。虽然只是工部侍郎，却被称为"小宰相"。

那么面对严氏父子的猖狂，社会舆论是怎样的呢？这里有一则野史传说或许可以说明一些问题。我们知道，明代有一本著名的小说叫《金瓶梅》，据说就是和张居正、杨继盛同一届的大文豪王世贞写的，目的并不是文学理想，而是杀死严世蕃。

那么他为什么要杀严世蕃呢？因为他和严世蕃有仇。什么仇呢？杀父之仇。原来，王世贞曾在杨继盛的案子中鼓动自己的父亲营救杨继盛，结果不仅没有救成杨继盛，还把自己的父亲搭进去了。由此也可以看出徐阶当时的隐忍是很有必要的。

于是，王世贞就想着报仇。那么他一介书生如何报仇呢？他就想到了写书。写什么书呢？写淫书。因为严世蕃就喜欢看淫书！

那么淫书是如何杀人的呢？很简单，就是先把书泡在砒霜里，等晾干了之后，再送给严世蕃看。严世蕃看着很带劲，就一边看一边用手指蘸口水翻书，就这样，每看一页，严世蕃就吃一点砒霜进去，看着看着，就中毒身亡了。

虽然这只是民间的野史传说，但从中可以看出严氏父子在当时已经到了恶贯满盈、人人喊打的地步了。

曾经有一些仁人志士真枪实弹地试图与严嵩集团开战，不过，这些斗争全都因为各种各样的原因失败了。直到徐阶出场，这种一边倒的情况才得以扭转。

首先，徐阶逐渐诱使嘉靖皇帝转变对严嵩的态度。

嘉靖四十一年（1562年），西苑大火，嘉靖皇帝所住的万寿宫被毁，迫使他移居到一个又小又窄的地方居住。他就向徐阶、严嵩埋怨。

严嵩劝说嘉靖皇帝移居大内，但是严嵩显然忘记了就在十九年前，嘉靖皇帝在那里曾经遇刺。严嵩的劝说让嘉靖皇帝变得十分伤感。

　　严嵩的大意使徐阶得到机会。他说："最近重盖奉天殿、华盖殿、谨身殿所余的材料还有很多，用不了多久，可以重盖一座。"

　　嘉靖皇帝十分高兴，命徐阶的儿子为工部主事，负责督工。

　　不久后，万寿宫建好了，徐阶被升为少师，他的儿子也升为太常少卿。

　　严嵩在这件事情中失去了嘉靖皇帝的信任。相反，徐阶却得到嘉靖皇帝的信任并日益加深。此时，徐阶决定不再隐忍，彻底扳倒严嵩。

　　之后，徐阶对症下药——以嘉靖皇帝崇道为突破口，进一步改变这位最高统治者的态度——他请了一位叫蓝道行的道士，以仪式的形式，向嘉靖帝展现严氏父子的种种罪行。

　　接着，徐阶阵营成员——御史邹应龙在一天晚上做了一个梦。什么梦呢？

　　他梦到自己独自一人打猎去了。当他来到一座高山前时，不知为何突然义愤填膺地向这山射了一箭。虽然他射得十分有力，但这箭射出去之后却轻飘飘，一眨眼的工夫就消失不见了。

　　射山失败，邹应龙在梦里就很郁闷，但他继续往前走，翻过这座高山之后，前面出现了一座小山。这小山山脚的东侧有一座楼，楼前有一片田，田里有一堆米，米上有一丛草。邹应龙看了这场景就很纳闷，这是怎么个造型啊，没见过。

　　但他不管三七二十一，上去又是一箭，射中了米。

　　然后，惊人的一幕发生了——这堆米忽然就"轰隆"一声炸开了，紧接着，田地也炸崩了，楼也塌了，小山也倒了。邹应龙回头一看，刚才那座高山也塌了。在隆隆巨响中，一个世界好像就这么完了……

　　这时，邹应龙从梦中惊醒，他睁着大大的眼睛，回想着这奇怪的梦。不久，他想明白了。原来是这么回事——这田上一堆米，米上再加一丛草，不就是严世蕃的"蕃"吗。至于那山脚东侧的小楼，严世蕃不就号"东楼"吗？米中箭了，田爆炸了，楼塌了，山倒了，不就是严世蕃倒台了吗？

那高山是什么呢？高山不就是严嵩的"嵩"嘛。于是这整个梦的意思也就明了了，那就是说，要想摧毁严氏集团，就得先向严世蕃下手，严世蕃垮了，严嵩也就完了！

此事记载于清朝姚之骃的《元明事类钞》。真实性有几分，我们不得而知，只知道，恍然大悟之后，邹应龙再也睡不着了，他来不及收起惊呆的表情，就急忙连夜起草弹劾严世蕃的奏章——只弹劾严世蕃，半句不提严嵩！

那么结果如何呢？结果是，奏章递上去不久，嘉靖就下令把严世蕃抓了起来。原来，嘉靖虽然一直偏袒严嵩，但对于严世蕃，他早就相当看不惯了。

但是，严世蕃入狱之后，却并不惊慌。他自称是"天下第一的聪明人"。

《明史纪事本末》记载，他在入狱后曾自信地说："任他燎原火，自有倒海水。"意思就是说，就算大火烧过来，自有海水来扑灭。可见严世蕃是相当自信的，自信自己很快就会没事。

这是为什么呢？原来，这严世蕃虽是"官二代"，但他自己也是有些小聪明的。他早就谙熟了嘉靖皇帝的性格特征，知道只要把自己和嘉靖帝绑在一起，就可以安然无恙了。于是，他故意指使手下散布谣言，说他现在最害怕的倒不是贪赃枉法、欺男霸女之事被抖出来，而是怕朝廷万一追究起他和父亲合谋害死杨继盛等人的案子，那自己可就死定了！

结果，司法部门果然如严世蕃所料，打算将这些冤狱作为其主要罪行上报。听到这个消息，想必严世蕃在监狱里也咧着嘴笑呢。

但是，严世蕃肯定是笑不了多久的。因为，他这次的对手不是那些司法部门的平庸官员，而是徐阶——讲究以智取胜的徐阶！

在得知司法部门的打算之后，他找到司法部门那些官员，上去就是"一顿教育"。

他找到主审官员，对他们说："你们是想严世蕃死呀，还是想让他活？"

听了这话，主审官就愣了，心想这不是废话吗，于是略显不满地说："当然是想让他死啦。"

徐阶闻言，继续说道："那你们为何这样定罪呢？你们这样定，反而是在救他呀。你们想啊，当年杨继盛的案子，可是皇上钦定的，你们如果翻案，那不是拐着弯指责皇上吗？以皇帝那颗多疑的心，他就会觉得你们这是在变相指责他本人，这样一来，严世蕃就和皇帝成了一根绳上的蚂蚱了，除非皇帝打算承认自己错了，否则严世蕃肯定无罪释放了。严世蕃没事了，那严嵩不就更没事了！"

徐阶一席话毕，官员们恍然大悟——还是徐大人高明，然后就按徐阶的意思办。

最后，由徐阶来拟定奏章，这份奏章没有提杨继盛的冤情，只列出了两条："交通倭寇，潜谋叛逆。"而这两条正是嘉靖皇帝最讨厌的事情。

在徐阶的主持下，严嵩集团彻底垮台了。严世蕃被处死，严嵩被勒令退休，家里的财产也被全部查封。当时严家的家产有二百万两之巨。

至此，徐阶终于赢得了这场政治大战的胜利。无论是前期的"忍者无敌""深藏不露"，还是这最后的"以智取胜"，都体现了徐阶高超的政治才华。

在败给徐阶阵营之后，严嵩全家遭遇悲惨，儿子被杀，家产被抄，严嵩本人也被勒令退休。他之所以没有被判处死刑，只是因为嘉靖挂念往日的情谊。然而虽然没有死，其晚景也是相当凄惨的。

传说晚年的严嵩为了活命，做了一名乞丐。有一天，他流窜到了一家饭店，饥肠辘辘的他正想开口要饭，却一眼望到了这家店的招牌。一看到这个招牌，他当时眼泪都快掉下来了，因为，那个招牌不是别的，正是他用漂亮书法写成的"六必居"。六必居这个名字也是严嵩取的。

在徐阶阵营战胜严嵩集团之后，徐阶立即做了一件事，那就是拨乱反正、平反昭雪。给谁平反呢？就是那些在严嵩掌权期间，被严氏父子迫害、打击的人。这件事不是徐阶一个人做的，而是两个人做的，另一个人就是张居正。

也就是说，这件平反前朝冤案的大事，是徐阶和张居正这对师徒合力完成的。

对此，张居正本人有过明确的记载。他在《答上师相徐存斋》一文中说道："丙寅之事，老师手扶日月，照临寰宇，沈几密谋，相与图议于帷幄者，不肖一人而已。"就是说，丙寅年发生之事（指平反之事），徐阶手扶日月，光照寰宇，神机妙算，而和老师共同参与此事、共同谋划的人，只有我一个人。

现在，蔽日遮天十余年的严嵩集团倒台了，那么大明王朝接下来将会面临怎样的命运呢？张居正的人生之路，又将走向何方呢？

第三章 步步为营攀顶峰

开始飞黄腾达

严嵩倒台后，深受徐阶重视的张居正也就拨开云雾见青天了。张居正初涉官场的经历是一场专门为他导演的"政治教育片"。

张居正看到了朝廷的黑暗、皇帝的昏庸、奸臣的专权、忠臣的死以及能臣的智慧。他已从一个缺乏政治素养，空有一身报国才华的青年官员成长为一个经验较为丰富的政治家。

在徐阶与严嵩斗争的时候，徐阶在幕后把一切政治秘密都告诉了张居正。这使得张居正稳坐徐阶阵营的第二把手。

在此期间，张居正作为副总裁，在幕后参与重修《永乐大典》。

在明朝皇帝中，嘉靖皇帝最喜爱《永乐大典》，平时在案头上常备几册《大典》以供随时翻阅。嘉靖三十六年，宫中发生大火，三大殿都被烧毁，《永乐大典》险遭火灾。

为防后患，嘉靖四十一年，嘉靖皇帝任命徐阶、张居正等人负责重录《永乐大典》的工作。

嘉靖四十三年，身为内阁首辅的徐阶推荐张居正升任右春坊右谕德，同时兼任国子监的官职。

国子监分为祭酒和司业两个官职。而张居正所任职的司业主要的职责是负责国子监内的所有教学以及行政事务。

国子监司业的职位为张居正打通了资源，张居正掌握了很多将来可

能进入官场的人。

徐阶还推荐张居正做了裕王（此时是实际的太子）朱载垕的讲师，侍讲侍读。朱载垕，就是后来的明穆宗隆庆皇帝。所以，这其实就是让张居正做了下一代皇帝的老师。徐阶对张居正的爱护与辅助，由此可见一斑。

张居正平日陪裕王读书作画。虽然这个官职不大，但是却十分重要。这为他后来的晋升打下了坚实的基础。

在裕王府侍讲期间，裕王朱载垕十分看重张居正，张居正的博学多才令朱载垕十分喜欢。据说，张居正每次给裕王讲课的时候，由于课文讲解得十分到位，裕王每次都是目不转睛地望着老师。

裕王府中的下人对张居正也十分尊重。裕王府内的大太监李芳对张居正十分崇拜，经常向张居正请教道理，他们的谈话也多涉及天下大事。裕王身边的太监，没人不说张居正好的。

嘉靖四十五年（1566年），张居正正式掌管翰林院。

同年十二月，整日痴迷于"炼丹术"的嘉靖皇帝驾崩了。皇帝逝世后，第一件事情就是宣布遗诏。

遗诏往往是大臣们写的。其中有一个好处：在新皇帝登基以前，大臣们可以通过遗诏把前朝的一切弊政，以遗诏的名义说出来。而这往往能对官场产生重大影响。

徐阶和张居正计划以遗诏扫清嘉靖一朝的弊政。从嘉靖初年的"议大礼"事件，到嘉靖朝的不少冤案，通过他们的笔头完整地说了出来。

这正是首辅徐阶的机会，当然也是张居正的机会。参与草拟遗诏的只有徐阶和张居正二人。

他们纠正了嘉靖时期的修斋设醮、大兴土木的弊端，为因冤案获罪的勤勉朝臣恢复官职，得到了朝野上下的普遍认同。

不久，三十岁的裕王朱载垕顺利即位，他就是明穆宗，中国历史进入隆庆年间。

隆庆皇帝是一位平庸的君主。他完全不像他的父亲那样大权在握，而是从小就小心翼翼地生活着，甚至连父亲都不敢多看一眼。因此就算

是当上了皇帝，他仍然一味谨慎小心，缺乏君主的威严。久而久之，他觉得做君主甚至成了一种让他感觉痛苦的事情。

隆庆皇帝在朝会的时候从来就是一言不发，这种情况一直坚持了四年之久。他只是喜爱女人、酒、金银珠玉以及与太监们玩耍和游玩，总而言之，他对政治厌烦无比，只对享乐有兴趣。在即位之初，国库有的钱只能用三个月，粮食只够两年，他却毫不在意，仍然用度奢侈。在他看来，严嵩已经除掉，政治上的事情就不用他来操心了。

隆庆皇帝很少亲自处理朝政，那么，大臣们就成为朝廷事务实际的主导者。不可避免，大臣们中又会产生严酷的政治斗争。

隆庆元年（1567年），张居正四十三岁，张居正以裕王旧臣的身份被提升了官职，这时他正式进入了内阁成为内阁辅臣。二月，他被升为吏部左侍郎兼东阁大学士。四月，张居正又一次加官晋爵，不仅当上了礼部尚书，而且做了武英殿大学士，可谓飞黄腾达。

在短短不到一年的时间里，张居正就连升三级。这在明朝全部二百七十六年的历史中都是很少见的。

横空出世的高拱

一时间，张居正成了明朝政局中的一个红人！

但是，张居正入内阁时，内阁有六个人，都是他的前辈和老师。尽管内阁首辅是徐阶，但是，张居正还是得处处小心谨慎。

张居正经常谦虚地说自己非常浅薄，突然得到了大权，内心很惶恐。他还说自己在处理人际关系时，难免有违心的做法，难以尽如人愿，也是没有办法的事情。一言以蔽之，他对自己获得权力保持了一种非常谦虚的态度。

大权独揽的徐阶成为内阁首辅后，就开始招揽自己的人。他也极力提拔一些清廉的官员，其目的是改变嘉靖时期的腐败状况

在内阁中他引入了高拱，但徐阶此次却遭遇滑铁卢。高拱成为徐阶继严嵩后的又一敌人。张居正的谨慎很大程度就源于这个人。

高拱，字肃卿，号中玄，河南新郑人。

高拱是嘉靖二十年的进士，在嘉靖朝晚期，高拱也是裕王朱载垕的侍讲学士。只不过，高拱比张居正资格老，他为裕王侍讲九年，裕王对他也最为依赖，并亲手书写"怀贤忠贞"四字赐给高拱。所以，在裕王登基成为隆庆皇帝之后，高拱便顺理成章地成为隆庆皇帝最为倚重的大臣。

在这样的情况下，那时的内阁实际上也形成了两派：一派是徐阶及其党羽，一派则是高拱及其党羽。

那么高拱有什么实力与徐阶对抗呢？高拱是一位精明强干的政治家——他一般上午在内阁，下午在礼部，中间不留一件积案。

在用人方面，高拱习惯把所有官员的姓名、籍贯等信息编造成册，同时注明贤否，用人之时按图索骥即可。

在明末极为严重的边事问题上，高拱在原有机构上增设了兵部侍郎。兵部侍郎出为总督，总督入为兵部侍郎，实现了地方和中央轮番更值。而且，他还把军事才能作为任职的重要标准，为明朝培养了一大批军事人才。

所以，高拱一方面是隆庆皇帝的大红人，另一方面也是一个励精图治、卓有成效的政治家。

但是，高拱在性格上与夏言一样，有一种文人的清高自傲，十分刚烈。据说在嘉靖朝时，有一次，他忤逆嘉靖皇帝，嘉靖皇帝非常震怒，于是下令将高拱赶回家种田。当时，徐阶还为他说了好话，保住了他的位置。

但是，高拱似乎并不领情。一天，嘉靖皇帝又一次传来大臣并对他们说："现在很多大臣都在西苑办事，但是文渊阁却没人照看，应该有一个人长期照看文渊阁。"

高拱听到后对徐阶说道："您年纪已经大了，因此您应该一直留守在文渊阁，一旦有事情我们会过来跟您汇报。"徐阶听到这些话后非常生气，因为很多比徐阶资历更老的大臣都对他毕恭毕敬。

裕王继位后，徐阶也推荐了高拱。于是高拱被任命为礼部尚书兼文渊阁大学士并进入内阁。进入内阁之后，高拱就又不买徐阶的账了，他认为进内阁是因为自己是隆庆皇帝的老师。渐渐地，高拱与徐阶结下了怨恨。

事实上，高拱与徐阶的积怨也是由来已久的。

话说仍是嘉靖时期，高拱中年无子，十分着急，便举家搬至西华门附近居住，只要有空闲便回家与妻妾们团圆。那时，嘉靖皇帝病重，高拱急忙将书籍等物品从宫内搬走，计划回府常住。

群臣们知道这件事情后议论纷纷，一位名叫胡应嘉的大臣就弹劾高拱，高拱因此十分担心。嘉靖皇帝因为病弱所以没有精力处理高拱。

但是，高拱认为，既然胡应嘉是徐阶的同乡，那么胡应嘉弹劾自己肯定是受徐阶指使，从这以后高拱便对徐阶怀恨在心。

参与朝政后，渐渐地，他变得更加自负。他认为自己的升迁完全是因为隆庆皇帝的重视。

其中最让他耿耿于怀的事情是，嘉靖四十五年，嘉靖皇帝驾崩，徐阶和张居正起草遗诏，没有和其他人商议。

高拱认为自己是新皇帝最看重的大臣，然而他们起草遗诏的时候竟然没让自己参与，因此便更加憎恨徐阶。

此时，张居正已经不是小人物了。他在徐阶和高拱的政治斗争中处于什么位置？这正是我们要弄清楚的问题。

张居正任国子监司业时，高拱任国子监祭酒。好比一个是副校长，一个是校长。高拱的地位要比张居正高，年龄也比他大。高拱和张居正一样，满腹才华，但官路一直不畅，所以惺惺相惜。两个人的关系还是十分密切的。

有一次，郁闷的高拱想去香山郊游，他不想孤单一人，所以就叫上了张居正。

两人看着京城郊外的美景，不禁发起了感慨。

高拱对张居正说道："我们俩都一样，胸中有丘壑，不会是久居人下之人，你说我们能为朝廷做些什么呢？"

张居正毫不犹豫地说："如果他日身担国事，我一定鞠躬尽瘁。"高

拱听后十分赞赏，并且将张居正视为知己。

两人击掌为盟，一旦他日两人同入内阁为相，定会同心协力振兴明朝。

《明史·张居正传》记载，二人在互表心意之后，"相期以相业"，意思就是相互约定，要共同成就事业。

在高拱与徐阶的斗争中，高拱并没有针对张居正。他们的关系保持得不错。而刚刚进入内阁的张居正也事事小心，步步为营，尽管与老师徐阶保持密切关系，但也没有加入徐阶阵营与高拱斗争，没有与高拱彻底闹翻。

高拱与徐阶的斗争

徐阶、高拱、张居正三人被后世学者称为"隆庆朝三大治世能臣"。隆庆初年，这三个人基本把持了朝政。但是，由于朝代更替，重新洗牌，在朝廷中，不仅仅有徐阶与高拱的势力。此时的朝廷中，各种力量较为均衡。

但是，这并不妨碍高拱与徐阶的斗争。在张居正还保持着察言观色的阶段，他们之间的竞争已经白热化了。

高拱的机会很快来了。

隆庆元年，吏部尚书杨博主持了六年一次的京察。所谓京察，是每隔六年，由吏部同都察院及各堂掌印官共同考察五品以下的在京官员，而四品以上官员须申请自陈功过的制度。说白了，就是官员纪律检查制度。

这个制度对百官来说非常重要，主导京察的吏部尚书一般会利用京察的机会去除异己。一旦在京察时被贬黜，连皇帝也不能为之说情。

不久，京察的结果出来了，很多御史和给事中都受到了降黜的处分。吏部尚书杨博是山西人，他的老乡凡是在京城做官的都没有被降黜。所以，那些被降黜的御史和给事中们，几乎都认定是杨博在背后做了手脚。

在这样的情况下，胡应嘉又站了出来，就是那位曾经弹劾高拱的官员。胡应嘉以公报私仇、没有秉公执法、庇护老乡的理由弹劾吏部尚书杨博。

但是，胡应嘉没有注意到，他自己是吏科给事中，在吏部进行京察的时候，吏科给事中自然参加。在京察的时候没有提出异议，京察结束了才提出弹劾，胡应嘉给人的印象就是马后炮、栽赃陷害。

胡应嘉是徐阶的同乡，高拱认为他们是一个派别的。而此时胡应嘉有了小辫子，高拱当然会眼疾手快地抓住。

高拱在征得了隆庆皇帝同意内阁对胡应嘉进行处罚之后，开始了自己的报复。他没有大张旗鼓，而是利用内阁中的另外一个人郭朴，此人是高拱的同学。

郭朴先在内阁里说："胡应嘉出尔反尔，不是人臣事君的道理，应当革职。"

作为内阁次辅的高拱这才开口附和道："应当革职为民。"

这下，作为内阁首辅的徐阶不得不表态了。他们把皮球踢给了徐阶。徐阶看着他们二人，心中暗想：大局已定，自己难以反对。所以，他只能点头答应。

就这样，高拱成功地报复了一次。此时，张居正正好忙于侍讲和其他日常事务，没有参与。

但是，这次京察留下了后遗症。话说，在此事件中，不仅是胡应嘉被革职为民，另外还有许多给事中和御史也遭到了降黜的处分。

吏部尚书杨博这么一闹，几乎惊动了所有的言官。言官在朝廷中主要负责监督与上谏，言官的权力在当时算是比较大的，主要由给事中与御史组成。

而这事情不仅惊动了北京的言官，南京的言官也把矛头直指杨博背后的高拱，他们知道，没有高拱的指使，胡应嘉不会被革职为民。

于是，高拱也就遭到了众多言官的围攻。他们认为高拱对他们有严重威胁，所以一起上疏弹劾高拱。

首先是兵科给事中欧阳一敬弹劾高拱"奸险横恶，无异蔡京"，

而蔡京是宋代权臣；接着，给事中辛自修、御史陈联芳上疏弹劾高拱，御史郝杰甚至直接说高拱"无宰辅器"。他说高拱没有作为次辅的气量。

言官们齐心一致，大有不把高拱整下台不罢休的气势！

高拱当然会认为这么多言官和他作对铁定是受了徐阶的指使，所以高拱没有立即表态。不知不觉地，徐阶又面临一个难题：是赞同言官们，还是反对他们？他的表态将直接影响高拱的判断及对策。

徐阶认为不能急于求成，此时如果与高拱闹翻，势必两败俱伤。徐阶做的是变相帮助胡应嘉——他拟旨让胡应嘉去当了建宁的推官，等于最终是降职了。通过这一手段，暂时平息了言官们的愤懑。

但是，言官们还不满意。欧阳一敬再次上疏弹劾高拱"威制朝绅，专柄擅国，亟宜罢"。就是说高拱必须被罢免。在三个月内，弹劾高拱的奏折有三十多份。

话已经说到这个份上了，高拱被迫连上十二份奏折，告病请求回家。当然，高拱此时也并非无可奈何，他选择以退为进，又把难题抛给了徐阶。

那么，摆在徐阶面前的就是这样一个难题：一是，如果他和言官的立场一致，那么他有可能落下赶尽杀绝的话柄；二是，如果他维护高拱，那么他就中了高拱的苦肉计。

徐阶的选择是第二个。于是，徐阶一边拟旨慰留高拱，一边骂起言官，叫他们快点儿住口。

高拱见徐阶退让，则开始得寸进尺。他进一步希望徐阶拟旨，把那些上疏弹劾自己的言官们廷杖一下，企图借徐阶之手打击言官们。

徐阶是步步惊心，面前的高拱比严嵩都难对付。

徐阶知道高拱的意图后十分为难：如果廷杖言官，则得罪这些言官；如果不廷杖言官，则得罪高拱。一不做、二不休，他只能撕破脸皮，决定不廷杖言官。

高拱得偿所愿，确定了徐阶的真实想法。

不久后，高拱以徐阶门生以及家属在城镇为非作歹为理由打压徐

阶。御史齐康对徐阶提出了一次弹劾，罪名是擅权、专断。然而，齐康在弹劾之前没有充分估计形势，他不知道自己弹劾徐阶实际是在跟所有的言官作对。

这下，朝堂之上就演变成以高拱与徐阶分别为首的两个阵营的人相互弹劾，互骂对方是在结党营私的闹剧。

正在北京的朝廷吵得不可开交之时，南京那边弹劾高拱的上疏也传到了京城。这等于在本来较为平衡的天平上加了一个砝码，这个砝码就成了弹劾高拱的关键。

在北京已经闹得一团糟的时候，南京的给事中和御史给了高拱最后一击。除了京察制度，明朝还有一项特殊的制度——"京察拾遗"，也就是在京察之外，再次补充检查。这个检查的力度同样很大，皇帝也是没法说情。

南京的给事中和御史在一番精心准备之后，成功在隆庆元年五月逼得高拱辞了官。高拱一走，内阁里的郭朴也受到了言官的攻击，到九月，郭朴也辞了官。

徐阶因为言官的帮助成功除掉了高拱。在这次斗争中，张居正也没有出面。

那么，难道高拱与徐阶的斗争结束了吗？不！

按理来说，徐阶的心腹大患已除，那么，朝廷之上根本没有人可以威胁他了。当然还有一个，那就是隆庆皇帝。

隆庆皇帝终日享乐，不理朝政。那么，作为内阁首辅的徐阶自然而然担起了谏阻皇帝的责任。

这种谏阻肯定会让隆庆皇帝不耐烦，而隆庆皇帝身边的人就会进谗言。

话说这年的六月，隆庆皇帝又要游幸南海子，南海子又称南苑，为寻欢作乐之所。徐阶于是挺身而出进行谏阻。

当然，隆庆皇帝是我行我素，没有理他。到了这年的七月，给事中张齐弹劾徐阶，说他年事已高，应该辞职。隆庆皇帝一听，正合心意。在这样的情况下，徐阶就丢了官。真是棋差一招，满盘皆输。而高拱则又要回来了。

张居正与高拱

现在，徐阶已经不能再当首辅了。内阁中继任首辅是李春芳，是一个忠厚之人，只是没什么作为。徐阶意识到高拱可能回来。那么，摆在他面前的问题就是：到底应该由谁来接任自己的事业呢？

毋庸置疑，张居正是最好的人选。张居正的政治能力，他是非常信得过的。张居正在这场政治斗争中也没有卷入，高拱不会拿他开刀。徐阶还希望张居正可以保护自己在北京的家小。

徐阶离开北京，前往江南养老后。张居在给徐阶的信中说：自己既受知于老师，也受托家国大事。现在获得了权力，但是仍然不会忘记老师的恩情，一定会接过老师的班，鞠躬尽瘁、死而后已。徐阶在信中得到了一些安慰。

但是，张居正当务之急还是隐藏自己的锋芒，因为在朝廷之上，要么是高拱的残余势力，要么是言官，他自己的势力并没有建立。在内阁中，他的资历较浅。所以，他的为官之道还是在于谨小慎微。

隆庆二年正月，张居正加少保兼太子太保。不久，张居正上《陈六事疏》，提出了矫治时弊的六个方面的建议。

第一是：省议论。大臣之间要减少争论。

第二是：振纪纲。严明纪律。

第三是：重诏令。严格执行诏令。

第四是：核名实。百官应忠于职守。

第五是：固邦本。建议皇帝节省，加惠百姓，严惩贪污。

第六是：饬武备。加强边防。

张居正从二十五岁上奏《论时政疏》，到四十四岁上奏《陈六事疏》，二十二年过去了，张居正在国家改革上的见解几乎没有发生什么变化。

与以前上疏得不到任何反响不同，这次上疏引起了其他官员的热烈响应。

首先是户部尚书马森上疏议论如何固邦本，列出了合理管理财政的十条办法。

其次是兵部尚书霍冀上疏议论如何饬武备，他提出了从兵、将、团练乡兵、守城堡和整饬京营等五个方面加强武备的办法。

最成功是第一条：省议论。朝廷之上和庙堂之下的空洞议论少了很多，更加重视实事。

这次成功使得张居正初次尝到了改革国事的滋味，准备迈向更大的目标。但是，他依然保持谦虚，而这种谨慎无疑是对的。

隆庆三年，内阁的成员再次发生变动。一个叫赵贞吉的人进入内阁。他的资历比起内阁首辅李春芳和张居正都要老。而且，他十分傲慢与目中无人。资历较浅的张居正在内阁里被赵贞吉瞧不起，并遭到排挤。

在此情况下，张居正主动和宦官李春一起向隆庆皇帝建议重新任用高拱，让高拱掌管吏部以遏制赵贞吉。赋闲一年的高拱很快被召回，他和张居正的关系更为密切了。

隆庆三年的十二月，高拱复出任内阁次辅兼掌吏部。高拱再次回到政治中心，时任内阁首辅李春芳并不强势，所以高拱的发言权更大，成为事实上的首辅。内阁再次面临着政治斗争的漩涡。

但是，张居正并没有十分担心：一是，他认为高拱已经离开朝廷有一段时间了，缺乏朋党；二是，他与高拱的关系不错。

话说此时发生了一件事情。

鞑靼首领俺答的孙子把汉那吉带着一些人投奔大明，原因是俺答霸占把汉那吉的妻子。把汉那吉的妻子有一个汉名叫三娘子，非常热爱中原文化。

在此之前的几十年中，明朝和鞑靼之间一直处在战争状态。所以，碰到这个事，解决起来不那么简单。按照以往的惯例，明朝是不接受鞑靼人投降的。因为只要接受，就很可能引发不必要的事端甚至军事冲突。

但是此时明朝的边关总督王崇古、大同巡抚方逢时倚仗着强有力的军事后盾，将把汉那吉放了进来。当然，也没忘了给朝廷打个报告。

然而，报告刚刚写好，还没来得及上路呢，来自朝廷的八百里加急信函就拍马赶到了。这封信是张居正写的，他已经事先知道此事。当

第三章　步步为营攀顶峰

时，内阁首辅是李春芳，次辅是高拱，张居正只是个配角却主动担负起了这桩大事。

张居正对鞑靼人来降一事极为重视，觉得这是一个一举解除北方边患的绝佳良机。

鞑靼方面有些慌乱了手脚，俺答十分后悔所作所为，因此鞑靼大军压境。朝廷上下一片哗然。

张居正一边顶住朝廷内部的压力，一边向前线发出谈判指令！双方谈好，以明朝与鞑靼封贡互市、明朝授官把汉那吉并妥善送还、鞑靼退军为条件，成功解决了这次危机。

张居正还附带一个条件，即要求俺答交出从明朝逃亡的叛徒赵全。赵全是白莲教教首，投靠了俺答，对俺答进攻大明起了重要的作用。由于把汉那吉在明朝手里，俺答也只能答应。

关于互市。朝廷中大多数人都反对，但高拱站了出来。他明确地站在张居正这边，给予了他全力的支持，使张居正开放互市的主张获得了通过。

这件事引发的边境危机，最终成为明朝解决北部边患的一个绝佳契机。后来，明朝成功地以把汉那吉被霸占的妻子——三娘子为媒介，和鞑靼建立了友好的关系。在张居正去世之前，明朝和鞑靼之间一直保持和平的状态。

张居正成功解决了长达十几年的鞑靼和明朝的战争问题，解决了北部边患，为日后的改革大业创造了一个和平稳定的外部环境。尽管他是此事的主导者，但没有高拱的支持，未必能够完成。这是两人关系较好的时期。

但是，高拱与张居正的蜜月期很快就过去了。

高拱入阁后，向朝廷提出的一系列建设性意见，大都得到采纳。由于掌握吏部的大权，实际上控制着人事权，他的势力很快恢复到了以前的样子。

首先的斗争在高拱与赵贞吉间展开。隆庆四年，赵贞吉当上了都察院左都御史，具有专门监察行政人员的监察权。高拱掌握了行政与用人大权，而赵贞吉则掌握了监察权。双方进行了你死我活的斗争。张居正则倾向于高拱。

随着斗争的白热化，一位内阁成员主动辞职。很快，手段更加高明的高拱就利用考察科道的机会，也就是在考察赵贞吉所在都察院时，抓到了赵贞吉把柄，最后借助言官韩楫的弹劾将赵贞吉逼得下了台。

不仅如此，那些曾经弹劾过高拱的言官这次也纷纷落马，高拱成功复仇。这些言官中有徐阶的学生和自己的朋友，张居正有了一种火烧眉毛的危机感。

高拱整完这些人之后，还想整已经辞官的徐阶。但这个时候，首辅李春芳出来阻拦了。于是，高拱大为不满，掉转枪头攻击李春芳。在高拱的指使下，南京给事中王祯弹劾了李春芳。隆庆五年的五月，首辅李春芳也在高拱的逼迫下辞官了。

同年，徐阶田产被充公。高拱又抓住时机企图惩罚徐阶的儿子。他向隆庆皇帝称徐阶的三个儿子在乡里为非作歹、目无王法。徐阶的三个儿子同时被逮捕，最后，两人被判充军。张居正动用了关系使徐阶的儿子免受牢狱之灾。

这个时候，内阁中就只剩下高拱和张居正了。高拱为首辅，张居正成为次辅。杀红了眼的高拱知道自己唯一的威胁就是张居正了。但张居正并不是无力等待被宰的羔羊。

张居正大战高拱

毋庸置疑，张居正的处境十分危险。在此之前，当徐阶生日时，他也不敢有倾向徐阶的言谈。

张居正在危险时帮助了徐阶的儿子，但这件事并没有被高拱知道。高拱集团是知道张居正和徐阶家有亲密关系的，只不过没有真凭实据。

就在这时，有人向高拱报告了一件据说"千真万确"的事情——徐阶的儿子送了三万两银子给张居正，让张居正帮助他们开脱罪名。

高拱听到这个消息后，他半信半疑，没有立即动手弹劾张居正。在大学士的朝房里，他变相地讥刺了张居正一下。

张居正自然听出了他话中的意思，感到十分害怕，发誓赌咒否认了这件事。看见张居正坚决的态度，本来就不太相信的高拱意识到自己太过心急，于是他一面低头承认是误会，一面准备再次攻击。

当然，张居正还是抢占了先机。

张居正明白此时并非高拱的对手，他只能不动声色与高拱相处，伺机而动。而高拱在此事后，对他的嫌隙日益加深，并在很多事情上开始与他作对，他们的矛盾渐渐地明朗化。

那时，广西有人占山称王，两广总督李延多次带兵征剿，但都没有成功，土匪越来越猖狂。多次的剿匪行动也耗费了国库大量的银子。

这时，张居正上奏替换李延，让殷正茂担任此职。殷正茂与张居正同年成为进士，两人私下关系很好。

但是，对张居正的提议，高拱坚决反对，理由是殷正茂徒有虚名。高拱称，殷正茂任江西巡抚时，很多人揭发他的罪行，其中包括贪污受贿等行为。

张居正只能作罢。张居正开始意识到单打独斗是对付不了高拱的，只有寻找同盟。

隆庆四年，黄河在邳州决口，一百八十里河水骤浅，江南来的粮食无法北上了。明朝的经济中心在南方，这无疑是一个巨大的问题。

隆庆五年，高拱极力主张开凿胶莱新河，有了胶莱新河，漕运便可由淮入海，从胶州湾入由胶莱新河沟通的胶莱河，再由海仓口出海直上天津，漕运就便利了。但是，张居正认为开凿胶莱新河存在许多具体问题需要解决。但是，他不愿与高拱直接唱反调。

张居正一方面没有与高拱冲突，另一方面提议由一个高拱集团的人——给事中胡槚去实地勘察。高拱当然同意。

胡槚是一个秉公处事的人。事情的结果是开凿胶莱新河利小于弊。张居正成功渡过一次难关。同时，他的建议也得到了贯彻。

隆庆五年的会试，张居正是主考。这一次的进士多成为他的门生。

他慢慢积累着自己的力量。

很快，内阁风波又起。张居正这次还是坐山观虎斗。此时，内阁除了高拱、张居正，还进来一个人，叫殷士儋。他的职位是少保，现在又是内阁大学士。此人入阁，完全是依赖大太监陈洪的力量。事实上，张居正也是通过太监的力量使得高拱重新被起用的。所以，当时，除了内阁、言官群体，太监群体也是极有权势的。

殷士儋入阁后，也想和高拱争夺权力。

这个时候，高拱想要提携支持与俺答和议的亲信张四维，以培植自己在内阁的党羽，但是，御史郜永春把张四维弹劾了。高拱查来查去，得知背后主使是殷士儋。于是，高拱就派了御史赵应龙弹劾殷士儋，理由为殷士儋是由内廷太监陈洪推荐的，不能参与国政。

殷士儋刚要否认，新一轮轰炸又开始了，给事中韩楫也准备弹劾殷士儋了。他甚至出言威胁殷士儋。

这下，殷士儋就无法忍耐，他被惹怒了。于是，隆庆五年冬天的内阁便上演了一出争权夺利的闹剧。

话说每月的初一、十五，给事中都要到内阁和大学士们见面，大家得作一个揖。这又被称为"会揖"，目的是言官和内阁在一起沟通一下国家大事。

这次，轮到给事中韩楫，殷士儋就对韩楫说："听说韩给事中对于我不满意，不满意是不妨的，可是犯不着给别人利用！"

殷士儋的特点是心直口快，并且十分蛮横粗鲁。

这样明目张胆地把矛盾公开化，倒是第一次。以前的政治斗争是隐晦的，但殷士儋一股脑地把它摆在台面上了。

高拱听了这话，十分惊讶，愤怒地说："这成什么体统！"

高拱一发言，殷士儋更加来劲了。他指着高拱痛痛快快地大骂："驱逐陈阁老的是你，驱逐赵阁老的是你，驱逐李阁老的也是你。如今因为要提拔张四维，又来驱逐我！内阁永远是你一个人的！"陈阁老指的是曾保护教育还是裕王的隆庆皇帝多年的陈以勤，赵阁老指赵贞吉，李阁老指的是李春芳，都是被高拱逼走的内阁大学士。

就在内阁里，殷士儋直接挥起双拳，要打高拱。张居正看不过去了，开始劝解。殷士儋也把张居正骂了一顿。

三个内阁大学士，而且殷士儋是少保，高拱是少师，张居正是少傅，明朝最有权势的三个人演了一场闹剧。张居正还躲过了殷士儋一拳。战斗终于结束，双方各有损伤。

不过，隆庆皇帝为人宽厚，也没怪罪谁。

随后，御史侯居良弹劾了殷士儋，殷士儋也厌烦了政治，干脆就上疏请求辞官。终于，隆庆五年的十一月间，殷士儋离开了内阁。内阁又只剩下张居正和高拱了。

隆庆六年四月，内阁的人员又发生了变化：高拱推荐前礼部尚书高仪入阁，是为文华殿大学士，内阁于是就由张居正和高拱二人分权，变成了张居正一派，高拱、高仪一派。在内阁中，高拱的势力得到了扩张。

这时，张居正就要发力了。这段时间，张居正看准了高拱和冯保之间的矛盾斗争，他权衡利弊后，机智地站在了冯保一边，在决胜局中取得了胜利。冯保是个三朝老太监，他将助张居正一臂之力。

那么，冯保与高拱有什么矛盾呢？

冯保是个极有权势的人。在嘉靖朝时期，他就任司礼监秉笔太监。隆庆时期，又兼东厂督主兼掌御马监事。

司礼监的最高位置是掌印太监。隆庆三年，掌印太监出现了空缺，按资历应提拔冯保担任，可是隆庆皇帝不大喜欢他。

于是，高拱就推了另一个太监陈洪。冯保因此对高拱很不满。

后来陈洪因事罢免，按说这回该轮上冯保了，不料高拱又举荐了掌尚膳监的孟冲。按照常规，尚膳监的太监是不能掌司礼监的。

冯保认为这是高拱故意跟他作对，就对高拱更加仇恨了。

事情还是从隆庆朝的一场巨变开始。

隆庆六年五月的一天，隆庆皇帝在上朝的时候，突然站起来，走了几步，不知道说了些什么。但见他嘴上动了几下却没有出声，脚下踉跄，这显然是中风了。冯保在一旁，马上上去扶住隆庆皇帝。

隆庆皇帝的身体出现了大问题。隆庆皇帝被抬回乾清宫后，大学士高拱、张居正还有高仪就被召到乾清宫，皇后、皇贵妃、皇太子都在。

隆庆皇帝已经难以说话，冯保代宣遗诏：

"朕嗣统方六年，如今病重，行将不起，有负先帝付托。太子还小，一切付托卿等。要辅助嗣皇，遵守祖制，才是对于国家的大功。"

遗诏的意思很明白，隆庆皇帝病重，难以执政，希望高拱、张居正等人辅助太子。

第二天，三十六岁的隆庆皇帝去世。

当朝太子朱翊钧、历史上的万历皇帝明神宗当时只是十岁的小孩，难以当政。隆庆皇帝托孤，所以，这是明朝政治重新洗牌的时候了。

张居正和高拱心中都明白，隆庆皇帝刚死，万历皇帝新立，正是消灭异己和扩张权力的大好时机，此时如果不做好战斗准备，就很容易败于对手的政治阴谋之下。

高拱在隆庆皇帝死后，大肆宣扬："十岁的小孩，怎么能治天下呢？这可叫我怎么办啊！"他的话充分暴露了自己的野心。

但是，现在是太监冯保唱主角的时候，他是决定性的因素。

冯保此时是司礼监秉笔太监，在明朝的制度中，司礼监秉笔太监的职权是"掌章奏文书，照阁票批朱"。也就是说冯保就可以对内阁票拟的谕旨用朱笔进行最后的判定。

冯保的背后是李太后以及只有十岁的神宗。李太后本是一名普通的宫女，是张居正和冯保为她争取来了贵妃的头衔，所以她非常感谢这两人。冯保在李太后面前说了高拱的坏话。所以，高拱与新皇帝变成了对立的关系。

通过李太后的支持，冯保还坐上司礼监掌印太监的位置，达到太监权力的顶峰。

高拱的背后是六科的给事中和十三道的监察御史，也就是他经营多年的言官群体。除了言官，还有内阁的高仪。而他认为张居正也是同盟。就这一点看，他明显失误了。

在万历皇帝刚刚即位之时，他发布了一个中旨。中旨的内容大多是

超出正式制度规定的"皇帝法令"，因此很招内阁大臣的厌恨。中旨里引用了隆庆皇帝的遗诏，让冯保当上了司礼监掌印太监。

高拱痛恨极了，对传旨的太监声色俱厉地说："中旨是谁的旨意？皇上的年龄还小得很呢！一切都是你们做的，迟早要把你们赶出去。"

冯保知道这话后，又跑去跟李太后说高拱的坏话。冯保还在李太后面前，造谣说高拱要废太子，另立隆庆皇帝的弟弟为皇帝。这一谣言直接使李太后产生要除掉高拱的决心。

事态紧张，高拱决定先下手为强，第一轮弹劾由十三道御史刘良弼等人负责，第二轮则由礼科都给事中陆树德和吏部都给事中雒遵牵头，所有的火力都集中在了冯保身上。

他们的弹劾文字中既表达了中旨里所引遗诏的部分内容是冯保所做矫诏的意思，也没有将罪责归在万历皇帝身上，可谓精心谋划。

按照规矩，奏疏上去之后，皇帝就要发交内阁拟旨处理。只要皇帝这样做，冯保的命运就落在了内阁手里。

高拱还不惜动用户部仅存的二十万两库银，划拨给后宫先帝嫔妃打制首饰，以博得李太后的支持。

高拱的手段用尽，但是否会成功呢？

而就在此时，高仪和张居正却都病了。这又是唱的哪一出呢？

高仪是真病了。而张居正据说中了暑热，不管怎样，他都不会参与这次争斗。

按此时的形势，张居正一定不会去得罪冯保，他是养精蓄锐，坐山观虎斗。那么，内阁只有高拱了，他被孤立了，不得不单打独斗。孤军作战的高拱面对冯保及其背后的李太后实力骤降。

六月十六日，天还没亮。万历皇帝就召集大臣去会极门上早朝。张居正没有去。高拱以为这是驱逐冯保的时候到了。可是，当他看到小皇帝旁边站着冯保时，他就知道自己失败了。冯保宣读了神宗的谕旨，说高拱揽权擅政，蔑视幼主！高拱终究斗不过皇权。高拱被罢免，张居正直到高拱离开北京后才回到内阁。此时，首辅的位置非他莫属！

可以说张居正是看准了时机，借助他人之手，除掉了高拱。这一

年，张居正四十八岁。

这一次政变，高拱被推翻了。那么，张居正能不能成功地接下高拱的职位呢？高拱的最大优点是精明强干，不过，张居正又何尝不是呢！内阁和六部中没有一件重要的事情是他不知道的。事实证明，张居正经历这么多政治风波，依然能够步步高升，他的能力已经不在高拱以及徐阶之下了。

六月十九日，万历皇帝召见张居正。比平时的早朝稍微迟点的时间，张居正一个人跪在小皇帝面前，诚惶诚恐。

万历小皇帝以童声念道："先生为父皇陵寝辛苦受热，国家事重，只在内阁调理，不必给假……"隆庆皇帝死后，张居正负责隆庆皇帝的死后事务。

万历皇帝又说："凡事要先生尽心辅佐。"

当万历皇帝提到隆庆皇帝对张居正的评价，说张居正为忠臣之后，张居正才从紧张之中放松下来。事后，万历皇帝与张居正一起吃饭。这是张居正成为内阁首辅后，万历皇帝第一次召见他，等于是认同了他，正式把国家大事托付给他了。

张居正也是时候实现匡扶社稷的理想了。一路下来，朝廷不仅充斥着奸佞陷害忠良的事，而且能臣良将也在争权夺利。这令张居正看清了政治的真面目：要实现兼济天下、福荫万民的崇高理想，不得不钩心斗角，一路扫除障碍，达到权力的顶峰，并巩固权力，只有通过这样"恶"的道路，才能实现"善"的理想。庆幸的是，张居正已经实现第一步了。现在，整个大明都是他的舞台。

第四章　权力舞台第一人

张居正与李太后

曾经叱咤风云的高拱败给了太监冯保，其实细细推之，他就败在了自己的那句话："十岁的孩子做皇帝，年龄实在太小了。"

此言一出，就被冯保抓住了把柄。冯保不断做文章，终于让万历母子恨透了高拱，从而让他退休回了老家，高拱时代宣告结束。

而对高拱的命运有决定作用的，是万历皇帝的母亲李太后。

那么说到这位李太后，是怎样的一位人物呢？

据《明史》记载，这位李太后姓李，名字不详。在民间传说中，贵妃原名叫彩凤，李彩凤是也。

不得不说，这是个很通俗的名字。事实上，李贵妃确实来自民间。她的父亲叫李伟，是河北乡间的一个泥瓦匠，后来日子实在揭不开锅了，就带着家人来到北京，做了"北漂"。

但是，做了"北漂"，李伟也没能冲出社会底层，还是很穷，于是一狠心，就把女儿李彩凤卖了。卖给了谁呢，卖给了裕王府。裕王就是登基之前的明穆宗。

李伟虽然远不是个成功人士，但他卖女儿这件事却是歪打正着撞了大运，让老李家发达了。

为啥呢？原来，裕王后来做了皇帝，变身明穆宗之后，就和李彩凤生了孩子。生了个什么孩子呢？就是后来的万历皇帝。那为什么是李彩

凤的孩子做了皇帝呢？原来穆宗正室陈皇后没生儿子，只生过一个女儿还夭折了。在明穆宗的所有女人中，只有李彩凤生了儿子。于是，李彩凤的儿子就成了太子，李太后的地位也水涨船高。

不过，虽然李彩凤的地位随着儿子的发达而发生突变，但她并没有改变一个乡下女子的质朴。她在皇宫里并没有什么架子，对于隆庆皇帝的正室陈皇后，更是十分恭敬，按规矩每日拉着小万历给她请安。

陈皇后和她感情很好，多次对她说："妹妹，不必这样拘礼，况且孩子那么小，每天那么早拉他来请安，多辛苦呀。"

而李太后却说："这是祖上传下来的规矩，我怎么敢违反呢？况且这也是对孩子的教育，对他有好处。"

可以看出，在人们的印象里，李太后算是明朝后宫中一位不可多得的既聪明又贤德的女子。

她这种言行上的自我要求，既体现了她的善良与聪明，也显示出她对子女教育的良苦用心。

她从生活中的点滴小事做起，不辞辛劳地教育儿子，一方面是为了儿子的成长，更重要的是要把孩子培养成一个合格的皇帝。

出于这种母亲对儿子命运的关心，让李太后在隆庆皇帝去世后变得不安。这时，李太后年龄也不大，才二十多岁。

因为万历登基的时候年龄太小，朝野上下都对这样一位低龄皇帝有所怀疑。高拱就是这些怀疑者中最强大的代表性人物。最终是在冯保的煽风点火下，高拱被万历母子驱逐出了朝廷。

但这毕竟不是长久之计。那么她要怎么办呢？答案是，她要找一个靠山。在高拱时代，她的靠山是隆庆皇帝。而隆庆皇帝去世后，她要找的靠山就是新任首辅张居正。

不过，张居正虽然位高权重，舞台也够大了，但此时的他还是战战兢兢，不敢有一丝懈怠或放纵。

一方面，隆庆皇帝和高拱身后留下的不是一个生机勃勃的江山，而是一个千疮百孔的江山。不过，虽然明朝此时在各个方面面临窘境，但也不全是高拱造成的，主要是历朝累积所致，精明能干的高拱也没能起

到多少积极的作用。他下台的时候，国库里已经空空如也，连官员的工资都快发不出来了。

另一方面，相对于高拱留下的政治难题，更让张居正感到棘手的是如何对待年仅十岁的万历帝以及无依无靠的李太后。

那么，面对这样的局面，张居正应该怎么办才好呢？他该如何对待李太后这个强势与弱势的矛盾结合体呢？

当然，张居正还是有办法的。他才一上任，就给李太后上了尊号。

按照传统，每当皇帝去世，皇帝在世的妻子就可以改称"皇太后"了。李太后是万历皇帝的亲生母亲，因此这时理应改称皇太后。然而，李贵妃不是隆庆皇帝的原配，原配是可以在"皇太后"之前再加两个尊字的，比如陈皇后就改称为"仁圣皇太后"，所以李贵妃虽然升级为皇太后，但也仅仅是"皇太后"而已。

张居正上任后就干了这么一件事——他力劝礼部尚书潘晟，给李贵妃的"皇太后"前边也加两个尊字。理由是，一个称号嘛，不是什么原则性的大问题，为了稳定，为了和谐，加上也无妨嘛。

潘晟最初是不同意的，但在张居正开导下，还是同意了。于是，李太后也加了尊字，成为"慈圣皇太后"。

那么张居正此举的效果如何呢？答案是李太后很高兴，进而更加赏识张居正。这两个人的关系因此也更加融洽。这对于两人今后的合作，乃至大明王朝的命运来说，都不得不说是一件好事。

其次，张居正在上任后，很巧妙地迎合了李太后的宗教信仰。

李太后是个虔诚的佛教徒，经常做一些布施、捐款的善事。但这么做下来，钱财的消耗是很大的，并且还是花国库的钱，这就给张居正这位国家的实际治理者出了难题。

那么张居正是用什么办法应对的呢？

他的方法很巧妙：将原本属于皇帝的皇室采购中心划到了李太后的名下，使李太后成了这个采购中心的经营者。采购中心也做生意，所以它赚到的钱从此就进了李太后的腰包。李太后拿了采购中心的钱，也就不好意思再找国库要了。于是，太后的善事开支问题就这么解决了，国

家财政也不再受到影响。

除此之外，每当李太后又做了什么善举，行了什么布施，张居正就会及时地为她歌功颂德。这样的事多了，李太后自然就会觉得张居正是非常尊重自己的。而且张居正本人也是推崇佛教的，这更加深了李太后心目中的信任感。

那么李太后和张居正之间的关系到底发展到了何种程度呢？

关于这个问题，历史上有各种说法。主要的观点有两种：一种是认为他们发展到了情人关系；一种认为他们之间只是正常的上下级关系。

清朝年间，民间曾流传过这样一个故事。说在嘉靖二十六年，即张居正考上进士的那一年，有个叫艾自修的人也考中了。但考试成绩公布之后，艾自修的排名却很靠后。张居正见状就对他开了个玩笑，出了个上联：艾自修，自修没自修，白面书生背虎榜。

这个上联，本来是张居正无心开的一个玩笑。但说者无心，听者有意。

万历年间的一天，已是京官的艾自修路过张居正的府邸，他来到了花园，就看到张居正在一座假山后面一闪就没影了。他过去一看，只见一块石板刚刚将一个洞口盖上，还压住了一截张居正的衣服。艾自修迅速拿走了那截衣服。

据说他后来进入那个假山脚下的地洞，发现里面原来是一个通道——直通李太后卧室！于是，艾自修便认定张居正和李太后之间存在不正当男女关系，然后眼珠一转——报仇的良机来了。

他依照当年张居正的上联，对出了一个下联：张居正，居正不居正，黑心宰相卧龙床。

当然，这只是一个不真实的传说，是"黑心宰相卧龙床"这一典故的来源。

但是，李太后的确非常依仗张居正。而张居正是个英俊之人，且婚姻不顺，两人难免会产生一些感情。

一次，李太后过生日，恰逢天上飞来几只白色的燕子，张居正为给太后庆生，就为她作了一首《白燕诗》。

诗里有两句："白燕飞，两两玉交辉"和"有时红药阶前过，带得清香拂绣帏"。

诗中说成双成对的燕子，寓意不言自明。又说这对白燕从我院中的花丛飞过，来到你的帘前，把一缕清香带到了你身边。

其中，"绣帏"指的是女性房间的帘子，而这个女性，指的就是李太后，因为此诗前边还有句"送喜傍慈闱"，而李太后的尊号就是慈圣皇太后。

另一方面，在张居正生前，李太后一直是积极有为的。但是，到张居正后来去世，李太后就开始远离朝政。无论万历皇帝把朝政搞得怎样一团糟，她都不管不问了。

从这一点上，也可以看出些两个人非同一般的感情。

较合理的解释是，张居正和李太后存在积极的合作关系：他们共同辅佐万历皇帝，在合作中，他们产生了一些暧昧的感情，但这种感情肯定是没有结果的，所以他们互相克制着，把重心放在了万历皇帝身上。仅仅是一种柏拉图之恋，大概就是这样一种隐秘的情感和状态。

不管怎么说，李太后作为对万历皇帝影响最大的人，是朝廷实际上的实权人物，李太后与张居正的合作关系，使得张居正的权力得到了巩固。

张居正与万历皇帝

出于对张居正和冯保的信任，李太后把教导万历皇帝的任务交给了张居正与冯保，于是张居正与冯保正式全面执掌朝政。

冯保对万历皇帝的教育也很负责。有一天，有人摘来了白莲，抓了一只白燕，要将这些送来给小神宗皇帝玩耍。这时冯保说："皇帝尚幼，不应该让皇帝因为这些东西而变得贪玩。"

在对待张居正的问题上，冯保处事圆滑，他清楚知道自己在治国理政等诸多方面远远比不上张居正，因此一直与张居正保持同盟的关系，并没有任何想压张居正一头的举动。另外，冯保还经常约束自己

家族的人，警告他们不要为非作歹。这给了张居正很大的施展才华的空间。

当然，张居正是教育万历皇帝的主角。冯保毕竟不是老师，只是陪读。他还向李太后褒扬了张居正。

对于万历皇帝而言，能遇上张居正这样一位老师，可以说是不幸中的万幸。

万历皇帝十岁时，他的父亲隆庆皇帝就去世了，万历皇帝虽说是皇帝，但同时他也成了孤儿。李太后尽管聪明、强势，但毕竟对政事毫无经验，因此在面对强大的文官集团与宦官集团，特别是高拱与冯保的恶斗时，这对母子无异于惊弓之鸟。

张居正外形俊朗、气度不凡，才华横溢、忠君爱国，权倾朝野，的确是最适合教育万历皇帝及向他传授知识和政治经验的人。

隆庆六年（1572年）八月六日，万历皇帝即位后举行祭祀大典。大典完毕后，张居正又向万历皇帝提议：皇帝应在每月的三日、六日、九日上朝听政，其余的日子就到文华殿学习。

同时，张居正亲自挑选了马自强、申时行、许国、于慎行、余有丁等六位大臣专门为皇帝讲读。

八月中旬，万历皇帝开始参加日讲，日讲是明朝时期对皇帝的教育方式，日讲的地点在文华殿，侍卫以及执事官等都要退下，由讲读官和内阁学士留守待班。

在日讲刚开始的日子里，小皇帝一整天的课程都非常紧凑。每天，小皇帝都要早早地起来读好几个章节的书，然后去接见大臣学习怎样治理国家大事，接着练字。如果没有遇上酷热等天气问题，皇帝的课程是不能有所变动的。

为了提高小皇帝的学习兴趣，张居正在讲读中采取了特殊的活泼的教学方法。

《明史纪事本末》里有记载，隆庆六年十二月下旬，张居正主编了一本《历代帝鉴图说》并将书送给了小皇帝。

这本书以连环画的方式讲述了八十一条历代帝王的治国之道以及

三十六条祸国的恶行，详细地阐述了兴衰存亡的道理。

全书分为上、下两篇，上篇圣哲芳规讲述了历代帝王的励精图治之举，下篇狂愚覆辙剖析了历代帝王的倒行逆施之祸。

书中的插图是明代的木刻版画，线条简单，轮廓清晰，可爱又传神。

当时，小皇帝在看到这本书后非常高兴，"喜动颜色"，立刻让左右帮他打开书，在以后的日子里，翻得很勤。而张居正则在旁边加以讲解，循循善诱。

张居正那时还曾写过一道这样的奏折："历史上所记载的兴亡治乱的事如出一辙，只要延续祖制、听言纳谏、节用爱人、亲贤臣、远小人、勤劳治国，天下就可以大治。"

有一次，小皇帝读《历代帝鉴图说》时候，读到汉文帝劳军细柳的故事，张居正站在旁边指导说："皇上应该留意武备，祖宗是以武功定天下，如今承平日久，武备日弛，不可不及早讲求。"小皇帝听了之后连连称是。

当小皇帝看到书中说到宋仁宗不喜欢珠宝的故事时，小皇帝感慨地说："国之所宝，在于贤臣。珠玉之类，宝之何宜！"张居正听后很欣慰，他顺势教育皇帝："明君就是要贵五谷而贱金玉。金玉虽贵，但饥不可食，寒不可衣，区区一点点为价却不低，徒费民财，不适于用。"

小皇帝很聪明，立刻回复道："对，下次宫人们再嫌朕赏赐的东西少，朕就问他们可知道国库里还有多少东西？"小皇帝的这番话让张居正十分欣慰。

为了让小皇帝理解江山得之不易，张居正拿来了《御制皇陵碑》文，这可以说是一篇歌谣式的明太祖朱元璋的自传。

小皇帝整整读了一个晚上，第二天对张居正说："先生给的《皇陵碑》，朕览之数遍，不胜感痛！"

张居正说："自古以来，没有一个圣人像咱们太祖那样吃了那么多苦。那个时候，太祖四处流落，甚至到了无以糊口的地步。这些都是上天为了让太祖拯救苍生而有意安排的，使他备尝艰辛……太祖要缔造伟

大的基业，只有以'天心'为自己的心，才能创造宏图大业。现在，太祖的做法传到了皇帝您这里。"

小皇帝听完这些话后，谦虚地说："朕敢不效仿祖宗，这全是受先生的教导。"

据记载，小皇帝非常喜欢书法课。有一次，小皇帝在书法课上写了两个大字并受到了张居正的赞赏。

但张居正却说："作为皇帝，有一些爱好是可以的，但是绝不可以对书法等爱好产生太大的兴趣，否则你的精力就会浪费在这些爱好上而忽略了治理江山。你看当年的宋徽宗，虽然书法独步天下，但是最终却因为玩物丧志而丢掉了江山，做了亡国之君，这都是前车之鉴！"

听到这番话后，小皇帝就主动要求取消了书法课。可以发现，万历皇帝十分信任张居正。

张居正在学习上教授给万历皇帝更多的学问知识，发挥着独一无二的作用，不仅如此，在日常理政上也发挥了重要的影响力。

张居正经常教育皇帝要重视早朝。明朝的很多皇帝经常不上早朝，也不见群臣，因此皇帝就无法了解政事，君臣关系也会疏远。年幼的万历皇帝表现得很积极，他经常试着看奏折，并习惯把每个大臣上奏的每篇奏折都仔仔细细地看很多遍。

有一次，天空出现日全食，小皇帝第一次看到。古人信奉天人感应，君王会认为这是上天给自己的预警。

就在这一天，小皇帝做了一块牙牌，并在牙牌上写了他将要去做的十二件事："谨天戒，任贤能，亲贤臣，远嬖佞，明赏罚，谨出入，慎起居，节饮食，收放心，存敬畏，纳忠言，节财用。"

牙牌做好后，万历皇帝将它拿给张居正看，张居正教导他说："虽然您是因为天象才自省，但是这十二件事囊括了修身治国的所有道理，皇上应该谨记一辈子。"

年关临近，宫里一般会举办盛大的新年宴会以及元宵灯会。张居正向皇帝提出了建议，认为服丧期未满，这些都不能举办。

小皇帝对此也非常赞成，说道："昨日我已经下旨，不举办宫中的

宴会。"

张居正又教导他说："这不仅是尽孝道，也是节约钱财，是皇帝的美德。"

张居正对小皇帝尽心竭力，希望小皇帝能够成为一代明君。而小皇帝也非常尊敬、顺从，乃至爱惜张居正。

万历皇帝在夏天会亲自调制羹汤送给老师品尝，冬天在经筵的时候，他会亲自送银炉给老师暖身。

有一年冬天，张居正像往常一样给小皇帝讲课，但是万历皇帝却走神了。其实，他是看到老师站在大殿冰冷的地上，心中十分不忍，所以才走神了。

于是，他就命人拿来毛毡放在张居正的脚下，这个举动让张居正非常感动。

还有一次，万历皇帝听说张居正腹痛，又听说辣面可以以辣治腹痛，于是他就亲自做了一碗辣面并让次辅吕调阳陪张居正一起吃。

张居正主政内阁的十年中，万历皇帝从来没有喊过他的名字，一直都称呼他"先生"。在所有诏令中，一旦提及张居正也全部写成"元辅"，张居正的种种殊荣让很多大臣艳羡不已。

由此可见，张居正和小皇帝之间，真可谓情同父子了！

在隆庆皇帝去世后，可以说张居正在某种程度上充当了小皇帝父亲的角色。

李太后也积极配合张居正对小皇帝进行严格的教育，可以说是一位极负责任的家长。

李太后每天一大早就会拉他起床，当他赖床不起时，李太后就会让人把他给架起来，帮他洗漱完毕，最后看着儿子去上学，每次临走前都要嘱咐一声："儿啊，一定要听张先生的话啊！"

到了课堂上，每堂课不论上什么，太监冯保都会站在小皇帝的旁边陪着听。每当小万历学累了有些懈怠的时候，冯保都会大声地在旁边喊李太后的话。

"皇上要听先生的话啊！"严重时，一堂课可能要喊上个七八遍。

力挽狂澜：张居正

他一喊，小皇帝立马就又老实了。

所以，张居正在万历母子的心中是举足轻重的，任何人都难以撼动。

张居正与冯保

在最高皇权与张居正联系如此紧密的情况下，作为内阁首辅的张居正在政治上就得到了强力而稳固的支持。张居正实际上把控了朝政，成为大明王朝实际意义上的统治者之一。当然，还有冯保。

但是，冯保也将很快成为过去。此事，要从一个震动万历初年朝廷的大事件开始讲起。

万历元年，皇宫里发生了"王大臣事件"。说到这个王大臣，其实他并不是什么大臣，只是他的名字叫大臣而已。

话说这位王大臣，不但不是大臣，连个七品芝麻官都不是。那他是干什么的呢？他是从蓟辽前线跑回来的一个逃兵。蓟辽前线，就是当时明朝的北方边境，与鞑靼对峙的地方。

这位王大臣，从前线逃到了京城，不知道通过什么途径，糊里糊涂地进到了皇宫，也就是紫禁城里。紫禁城的守卫大概误以为他是一个下人，就把他放了进来。

当时，这位王大臣进入了皇宫的甬道，正在稀罕地看着紫禁城呢。这时，他远远地就看到一伙人朝他这边走来。这伙人中还有一位贵气的小孩，年纪轻轻，神气十足，大家簇拥着他。

王大臣看到这伙人走来，吓得急忙躲到了墙角。这伙人经过王大臣身边时，这位神气十足的小孩瞥了这王大臣两眼。

然而"不瞥则已，一瞥惊人"，这惊到了王大臣，他不由得撒腿就跑。但这一跑又把小孩给惊了，小孩就对王大臣喊道："你是干什么的？"

王大臣听见有人喊他，十分惊惧，反而加快了脚步猛跑。

小孩自然更加恼火，心想："什么人这么大胆子，连我的话都敢不

应？"于是他大喝一声："给我拿下！"

孩子话音刚落，就立刻奔出一队侍卫，两下就拿住了王大臣。王大臣想挣扎，但显然是无济于事的。

就在王大臣被侍卫死死压在地上的时候，小孩和他身边的几个人赶了过来。其中一位较为年长的人，指着王大臣厉声说道："什么人如此大胆，给我搜！"

话音一落，侍卫们就纷纷来扒王大臣的衣服，很快就搜出了一把短刀。这难怪啊，王大臣可是个当兵的。

小孩一看到短刀当场就吓蒙了，不由得往后退。其他人也都吃惊不小，这位较为年长的大喊了一声："保护皇上！"

说到这里，您大概知道了这个小孩就是万历皇帝。这个王大臣非常倒霉，吓到了皇帝。

那个较为年长的人就是司礼监掌印太监冯保。

按照当时的情况来说，王大臣已经被按住了，刀也被搜出来了，就算真的想谋害皇上，也是不可能的了。

但我们要知道，当时的万历才刚刚当上皇帝，又经历了"高拱事件"等风波，肯定是缺乏安全感的。他年龄虽小，但耳濡目染，也知道自己的皇位坐得还不稳。所以，当看到有不明身份的人拿着刀出现在自己身旁，他肯定也知道——应该有险情！

而冯保呢？他的反应也是情理之中的，现在可以说整个皇宫都是他的势力范围了，有人拿刀闯入，他肯定得负责。

但我们的小皇帝，年龄小，气场可不小。当他看到没有什么危险了，就回到王大臣跟前，指着骂道："你个贼人，好大的胆！"

说完，他就吩咐冯保说："大伴（指冯保），你给我好好收拾他！"

冯保领命，就派人把王大臣押到了东厂。不查不要紧，一查吓一跳。

这个王大臣惊吓小皇帝的事件，朝廷里第一个知道的人，是张居正。为什么呢？很简单，因为我们前边说过，他和冯保是同盟。

因此自张居正就任首辅以来，一直很注意和冯保保持良好的合作关系。

不仅如此，张居正的管家游七和冯保的心腹手下徐爵结拜为兄弟。这样一来，张居正与冯保之间的信息交流更方便了。

　　而这次王大臣事件，首先就是游七从徐爵那里得知，再转告张居正的。在得知这次事件之初，张居正没怎么放在心上。但是，当他听说东厂审出王大臣是蓟辽前线的逃兵时，他就急了。

　　为什么呢？因为蓟辽前线的明军将领不是别人，正是张居正的另一位同盟——戚继光！

　　戚继光什么人啊？他一是抗倭的英雄；二是镇守北部边防的大帅；三更关键，他是张居正最亲密的心腹。

　　按理推断，如果王大臣真是来刺杀皇上的话，他又是戚继光的手下，那就相当于戚继光要刺杀皇上，而戚继光是张居正的人，所以就可以推断得出——张居正要刺杀皇上！

　　这还了得？！

　　所以，张居正坐不住了，亲自找冯保说这事去了。他见到冯保，向他保证说王大臣这事跟戚继光没关系，只是一个偶然事件罢了。而冯保也不是傻子，他一听就明白自己捅娄子了。

　　冯保这时才意识到，牵扯出戚继光是一件很没必要的事，即使这个逃兵真的是戚继光的手下！于是他赶紧跟张居正保证，让他放心。

　　听冯保这么跟自己保证，张居正算是放下了心。此时，志在安邦治国的他刚刚坐上内阁首辅的位子，正着手实现自己的报国理想呢。他在发动全面的政治经济改革，以拯救此时已是千疮百孔的大明王朝。这场改革，便是史上赫赫有名的"万历新政"。

　　张居正离开冯保处，又投到他的改革事业中，忙得不亦乐乎，就把王大臣一事抛在了脑后。

　　但是，仅仅过了两天，这后院就又起火了。怎么回事呢？

　　原来，两天之后，张居正的管家游七慌慌张张地找到张居正，对他说："老爷，大事不好了，冯公公把王大臣案的审判结果上报了。"

　　起初，张居正一听是这事，就没在意，因为他已经吩咐过冯保了，所以按道理就不会有什么事了。但是，当游七继续说了之后的

事，张居正就坐不住了。

游七说："上次老爷虽然跟冯保说好了，说王大臣这事纯属偶然，没有什么幕后主谋，但他这次上报皇上的时候，却说这事的幕后主谋是——高阁老（指高拱）！"

游七话音刚落，张居正噌一下子就从椅子上跳了起来。为什么呢，因为如果真如游七所言，那确实是大事不好了！

怎么回事呢？

原来，自高拱下台以来，朝野上下不少人都猜疑是张居正和冯保联合扳倒了高拱。那么现在冯保利用王大臣一案打击高拱，人们难免还会将这事与张居正联系在一起，会进一步证明张居正确是和冯保勾结在一起扳倒高拱的。张居正的名誉就会受到极大的损害，无论对国家还是对张居正个人来说都是坏事。

于是，张居正立即动身，前去大内参见万历皇帝和李太后。而见到李太后之后，张居正看到了什么呢？首先是李太后，她悲伤地哭喊着："高拱怎么如此狠心，先帝对你不薄，可先帝一去世你就欺负我们孤儿寡母，现在你不在了竟还不肯放过我们！"

然后是小皇帝，他正在一旁扯着母亲的袖子，不住地安慰母亲。而冯保却是在一旁得意地站着。

看到此景，张居正已经明白——这冯保看来是下定决心要借王大臣搞一场冤案了。他心里一边琢磨着，一边向万历参拜。

李太后问道："先生想必已经知道了吧，这高拱实在是欺人太甚，该怎么办才好呢？"

此时，冯保以期待的眼神看着他，谁知张居正瞄都没瞄冯保一眼，直接向李太后说："太后息怒，我听说这个王大臣最初招供是戚继光的人，现在又说是高拱的人，前后矛盾，朝三暮四，其中恐怕有诈。"

李太后闻言，转头问冯保，说："有这种事？"

冯保不敢隐瞒，只得说："的确像张阁老说的那样。"

李太后显然更信服张居正，就接着说："那依先生的意思，此事究竟是怎么回事？"

张居正说："此事现在已经在朝野上下引起波澜了，如果无法及时查明真相，后果怕会很恶劣。因此最好由东厂、都察院、刑部以及大理寺会审，以便查明真相。"

这是张居正的聪明之处——并不肯定说此事一定没有主谋，而是给了一个留有悬念的答案。

李太后自然采纳张居正的建议，而冯保也没法说什么——因为他就是东厂的主管，也有参加会审的权力。

从万历母子处回来后，张居正迅速挑选了两位老臣，让他们也参与会审。不久，张居正最为敬重的也是朝中最受尊重的两位大臣来拜访他了。

一位是吏部尚书杨博，另一位是都察院左都御史葛守礼。这两位，一个是吏部的最高长官，一个是监察系统的最高长官，都是张居正接任首辅后倚重的重臣。

两位大人见到张居正，开门见山地谈起了王大臣一案。可见这个案子已经是路人皆知了。

那么两位大人想表达什么呢？原来，他们来找张居正，是想规劝张居正，替高拱辩护，说他应该得饶人处且饶人，不能和冯保勾结做这种损害名誉的事……

张居正一边听，脸色一边也沉了下来。此时他没有说话，只是听着，但是心中，早就很不是滋味了，显然这两位老臣误解了自己。

葛守礼和杨博说了半天，蓦地发现张居正一直没有说话，两人这才打住不说了。

这时，张居正在沉默了许久之后，终于爆发了。他猛地站起来，一甩袖子，桌子上的碗都被他抡到地上摔碎了。

"两位以为我也愿意这样吗？"他激愤地说，"居正一心为国，只知鞠躬尽瘁，死而后已。没想到一片苦心，却连我向来敬重的两位大人都不能理解！罢了，罢了！"

说完，他重重地叹息了一声，说了声"送客"，就转身回了内屋，把这两人晾在了当场。

尽管众人不解，但张居正不能放弃。他只有又找冯保谈话，但冯保就是不听劝，铁了心要把高拱整死。

张居正对冯保无可奈何，但他既不能和冯保翻脸，又不能让他得逞。

那么他最终想出什么办法了吗？答案是肯定的。

张居正指派手下，在王大臣上堂之前，给他灌了哑药。可怜的王大臣在上堂后刚准备按照冯保的指示招供，却一下子说不出话来了。他不能诬赖高拱指使，也不能说是冯保唆使的。

参与会审的左都御史葛守礼以及锦衣卫左都督朱希孝是张居正的人，冯保也是参加会审的人员之一。

张居正让审判官按照自己的指示问话，而王大臣说不出话来，实际就算是默认了。这样一来，这件案子最终按张居正的意思被定性成偶然事件。

王大臣作为一个无名小卒，一下子成为张居正与冯保较量的主角，说明命运是多么离奇。在封建社会，这样的小人物往往成为大人物们角逐争斗的炮灰。

见张居正有条不紊地引导案件的审判，冯保在堂上也只有默默无言、干着急的份儿了。尽管他十分生气，但他既奈何不了张居正，也没必要因为这事跟他闹翻。

此事只能作罢。

在此事中，冯保暴露出狭隘的政治眼光，而张居正在这点上完胜了他。

万历时期的朝政，张居正既是主角，他的竞争对手冯保又难以威胁到他。他成为万历时期的权力舞台上的第一人。

第五章　万历新政谁能任

整顿吏治

俗话说"一朝天子一朝臣"，换句话说，就是每一位领导，都有属于自己的一个团队。团队又分大团队和小团队。

我们先说说小团队——内阁。

那么张居正做内阁首辅时，此时的内阁又是一番什么样的景象呢？高拱离开后，内阁只剩下张居正和高仪。不过，正在张居正探讨内阁的人事问题的时候，高仪死了。当然，这并非张居正的阴谋。

但这一突然的变化无疑会给张居正更大的话语空间，可以使他选择更加称心的内阁成员。

张居正推举了礼部尚书吕调阳，辛丑年会试的时候，张居正任主考，两人便相识。张居正认为此人忠厚老实，是可以同舟共济的人。这样的安排使得张居正时期的内阁保持稳定和团结，避免了不必要的内斗。

除了内阁，其次是明朝中枢机构——六部长官的任选。

张居正调原兵部尚书杨博任吏部尚书。此人先后多次任吏部尚书和兵部尚书，资历极高，张居正不违众望。

在兵部尚书的位置上，张居正和杨博商量，根据他的意见推举了蓟辽总督谭纶。

在礼部尚书的位置上，张居正起用陆树声。他是嘉靖二十年的会试

头名获得者，先后任职南京翰林院，南京国子监祭酒、吏部右侍郎，后因政治环境恶劣，称病离职。到了隆庆年，也没任官。张居正亲自拜见了他，以礼相待，打动了他。

户部尚书先用的张守直，刑部尚书先用的是马自强。后来，因为他们和张居正不和，换成了王国光、王之诰。

王国光是一个专业人才，在任内完成了著名的《万历会计录》。王之诰是张居正的亲戚，但是他是一个资历足够的老臣，而且不附和张居正，有自己的主张。张居正此举是"举贤不避亲"。

工部尚书没换，还是朱衡。朱衡在河工方面的成绩很大，是一个众望所归的人选。

除了六部长官和内阁，张居正面临的是整个大明朝的人事，自然不可能事事亲力亲为。但是，改革是免不了的，人才问题是重中之重。张居正只有通过建立选官标准，才能最大限度改变大明朝人事现状。

俗话说"新官上任三把火"。那么，张居正的第一把火就是大力整顿整个官员队伍：该撤职的撤掉，该提拔的提拔。

在张居正看来，明朝会有嘉靖年间和隆庆年间政局混乱以及边患的根本原因就在于官员队伍出了问题。什么问题？那当然是官员纪律不严明。

这件事情有多着急呢？要知道当时明朝的官场风气非常腐败，大部分官员不是贪图享乐，就是明哲保身。总而言之，整个官场乌烟瘴气，效率极低，这些现象都被张居正看在眼里，非常着急。

从当前的政治环境来说，张居正牢牢掌握大明王朝的权力，避免了权力斗争产生内耗。而且就外患而言，已经得到一定程度的缓解，为大明王朝提供了一个安全的外部环境。时代和情况的变化，使张居正完全可以利用手中的权力整顿官员队伍。

张居正决定通过京察整顿官员队伍。对明朝来说，整顿纪律的最有效手段就是所谓的京察。可以这么说，谁手里掌握着京察的权力，谁就可以整顿吏治，从而达到改造官员队伍的目的。

他向万历皇帝上疏请求提前举行京察，表明了立即改革吏治和优化

官员队伍的态度！万历皇帝同意了。

京察的含义已经提过，由吏部和都察院对五品以下官员进行考察，四品以上官员自查述职。京察进行了一段时间，等到检查结束时，张居正已经细致地理出了明朝官员队伍的问题，换句话说他已经掌握了明朝大小官员的把柄。

隆庆六年七月十六日，由张居正自己拟定的诏谕《请戒谕群臣疏》经万历皇帝同意后颁布，这预示着张居正的改革事业正式开始。

这份重要的诏谕的具体内容是什么呢？

里面说：万历皇帝从登基以来，发现一些官员身上出现了投机取巧、相互排挤、谗言忠臣等不好的风气。在这些风气的影响下，官员之间相互争斗，彼此争权夺利，严重败坏了清明的政治。万历皇帝本来上台就要严肃查处此类事情的，只不过担心伤及无辜，因此并不打算大力惩处。但是，从今以后，希望官员们不要怀有私心、吃喝享乐、败坏正义。各个位置的官员要安于本职，辅佐的大臣应该主持正义、协调各种关系；内外官员要恪尽职守；言官们也要敢于直言，明辨是非。这样，国家的政治才能达到清明的境界，官员们也会因此福荫后代。如果在这个诏谕之后，还有官员像以前一样我行我素，自然会国法惩治。

张居正这份宣言等于给百官们打了预防针。预防针之后，张居正再大动干戈，也就没什么可争议了。

随后，万历元年（1573年）六月，张居正专门向万历帝上疏。在《请稽查章奏随事考成以修实政疏》这篇奏疏中，张居正表达了要对官僚体制进行改革的决心。他讲这是解决大明当前一切危机的关键所在——"考成法"被推出。

"芝兰"不可用

张居正的这份宣言是有分量的。他说到做到，就在这次京察的过程中，他就对几个"以言干政"的人严加惩处，免去了他们的官职。用他

自己的话说，他这样做是因为"芝兰当路，不得不锄"。所谓"芝兰"，是指兰花芝草，都是最好的花草，但长的不是地方。既然长错了地方，就得铲掉。

这句话是怎么来的呢？

话说，张居正读书时的一位同学叫汪道昆。当张居正成为首辅后，本是湖北巡抚的他毛遂自荐，并成功成为兵部左侍郎。

此人上任后，张居正就安排了一项考核任务，即巡边，考察西北各地的军事设施。第一站是蓟辽。蓟辽总兵是大名鼎鼎的戚继光。但这个人首先不是听汇报，探讨军事问题，而是和当地的文人在一起吟诗作赋。

张居正知道这个消息后非常不满。汪道昆回到北京，给皇上写了一道奏章，汇报他视察边境军事的情况，字斟句酌，是一篇非常优美的散文，但军事毕竟不是艺术。

张居正看了奏章以后，批了八字："芝兰当道，不得不除。"就这样，他免了汪道昆的官。汪道昆与前面提到的王世贞并称诗坛两大领袖，这大概也说明他不太适合为官。

大明王朝的"芝兰"中最有名的当属清官海瑞。海瑞与前者有所不同，海瑞为官清白，乃至高洁，这是他堪称"芝兰"的地方。但是，正是这种性格造成他容易鲁莽和不知变通，这在政治生活中是大忌。

高拱倒台后，张居正成为新一任内阁首辅，"你方唱罢我登场"，有人高兴，有人忧虑。高兴者之中，海瑞是一个。

海瑞之所以能在官场上崭露头角，不是因为工作成绩，那靠什么呢？

嘉靖四十五年，海瑞向嘉靖皇帝上《治安疏》。他一个六品官，竟然敢抬着棺材，亲自去朝堂上骂皇帝。

嘉靖皇帝当然是暴跳如雷，没等海瑞把他的《治安疏》念完就大叫左右："快来人把这厮给我抓住，千万别让他跑了！"

左右告知他说："皇上，此人是抬着棺材来的，压根就没打算跑。"这才让嘉靖皇帝的情绪稍稍稳定了些。

嘉靖帝虽然震怒，但没有将海瑞杀掉，只是把他关进了监狱。主管刑狱的官员认为海瑞大逆不道，理应斩首，但嘉靖帝却迟迟没有同意。

在海瑞下狱后不到两个月，嘉靖皇帝驾崩了，终年六十岁。新皇帝随即下诏释放海瑞。

嘉靖皇帝为什么犹豫？归根结底，那就是海瑞虽然胆子大，但他骂得有理有据，这令嘉靖皇帝产生了怜惜和同情。

海瑞抬着棺材骂嘉靖的事情传开之后，海瑞一夜成名，一下子就成为闻名天下的大清官。嘉靖去世之后，隆庆皇帝即位，他就得到了朝廷的重用。

在政治生活上，海瑞奉行绝对清廉和坚决反腐。在明朝百官中，海瑞是一个特立独行的人。其他官员一般注重大事，忽略一般意义上的小事，但他在小事上是相当苛刻的，比如倡导节约用水，注重调查手下人有没有收受贿赂，亲自帮农民跟地主豪强说理、为他们撑腰……

即使在生活中，他也丝毫不放松，所以他的生活就很贫困，一般一年只能买一次肉。海瑞是一个大孝子，买肉的机会往往放在他母亲过生日的时候。

海瑞的母亲也是个很苛刻的人，从小就对海瑞实行严格的教育。《海瑞集》记载："有戏谑，必严词正色诲之。"就是说只要海瑞一玩耍，母亲就严厉批评他，不让他玩。所以，海瑞对母亲几乎是百依百顺。

这种性格对海瑞的婚姻是非常不利的。他的妻子只要跟母亲有矛盾，他就会无条件地休妻。海瑞的前两个妻子就是因为这个原因被他休掉了。海瑞的第三个妻子，刚刚娶进门一个月就死掉了，海瑞的一个小妾，也在同一个月死掉。

这让当时的人非常惊讶，有官员因此向朝廷弹劾海瑞，说她们的死都是海瑞害的。海瑞申辩小妾是自杀而死，妻子是暴病而亡。这使海瑞的声誉受到了损害。

据明朝沈德符的《万历野获编》等记载，海瑞有一次发现他五岁的女儿接受了家仆张三给的饼，因为海瑞家里很穷，所以也没多少吃的。这位家仆是看孩子太饿了，就到街上给她买了块饼吃。

但是，海瑞在得知后，不仅不同情女儿、感谢家仆，还勃然大怒，对女儿说，一个女孩子怎么能随便从男人手里拿东西吃呢？男女授受不

亲，你要是我海瑞的女儿，就应该去饿死，唯有如此才能洗刷你作为一个贞洁女子背负的耻辱！

从这一点上看，海瑞实际上是严重缺乏人情味的，表现了他极端刻板和保守的一面。这也是让张居正无法接受的。

在隆庆皇帝时代，海瑞就是因为处理不好人际关系，过于不合群，最后遭到反感就被停职了。

现在是张居正的时代，因此，不少人推荐海瑞，说他是大明朝难得的清官。万历皇帝也青睐海瑞，希望重新起用他。海瑞本人也踌躇满志，想要干一番事业。

但是，张居正偏偏就不用海瑞。海瑞是一个清官，这是无可置疑的，但他又显得太过极端了，以至于只会破坏朝廷纪律，而缺乏建设性作用。

据《张太岳集·答应天巡抚海刚峰》记载，张居正给海瑞写了封亲笔信，信里的基本意思是，我很惭愧不能用你。张居正的话很委婉，但海瑞肯定能看出信的意思。张居正的意思很清楚，因为海瑞太特立独行，以至于到哪儿去，当地人受不了，当地的其他官员也受不了！

当时，见张居正不用他，海瑞就狠狠地骂了一句："举朝之士，皆妇人也。"海瑞的意思是满朝文武，只有他一个人能行。这显然又是海瑞的盲目清高所致。

海瑞的特点更适合从事个人性质的工作，比如文学艺术。说到与他人合作、共谋事业，这是不适合他的。

在选贤任能上，张居正一一清除了这些不适合待在官场，不利于官员团结做事的人。

举贤有道

在朝廷中，张居正的亲信是有一些的，但是，要完成巨大的事业，肯定需要更多的人才，并且不能够党同伐异，而要吸收异己，笼络对手。除了"京察"，张居正还善于把握时机，赢得人心。

高拱倒台了，但官场上还是存在高拱的势力。现在，张居正上台了，很多人就开始担心，担心张居正会不会报复，毕竟朝廷里有传言说他和冯保勾结，冯保是赶走高拱的主谋，那么张居正可能也是主谋。所以，朝廷中很有一部分与张居正走得远的人担心这担心那。

其中一个人叫张佳胤，时任应天巡抚。

这位张佳胤和张居正一样，也是明朝有名的才子。他是高拱的门生。当时高拱是内阁首辅，所以张佳胤就凭此关系做了应天巡抚。不过，高拱很快就失势了，张居正上台了。

张佳胤虽说是高拱门生，但为官还算正直。起初，他也没忌讳张居正。但是，发生一件事情，吓了他一跳。

当时，在应天发生了一件案子。案子的主人公就是徐阶的儿子。徐阶当时为了麻痹高拱，就放纵自己的三个儿子胡作非为。所以，常常会惹出一些事端。得势后的高拱开始打击报复他的三个儿子。有两个被发配到了边疆，还有一个在张居正的庇护下安然无恙。

可是，没想到这剩下的也就是徐阶的第三个儿子恶习不改，况且如今是他父亲徐阶的门生张居正掌权了，使得他更加肆无忌惮。所以，他就侵占了别人的田产。这块地的主人把他告到了官府，才有了现在这个案子。

张佳胤这可为难了，他一般是秉公办案的，但是涉及一些特殊情况，难免心里犯嘀咕。这打狗都得看主人呢！更何况徐阶的三儿子有当朝内阁首辅张居正撑腰呢！所以，这使他很矛盾。

在这样的情况下，张佳胤能想出什么办法呢？无非告老还乡，不干了。因此，他一封辞职信送到了内阁，回家就吩咐下人打点行李。

张居正看到这封信后，就知道是什么情况，尽管张佳胤一点也没提徐家的案子。因为徐阶已经亲自给张居正写了一封信，把情况介绍得仔仔细细。所以，这不是简单的辞职信。张居正眼光放得远，他知道对这件事情的处理将直接影响到其他官员对他的看法。他的政治目标使他必须笼络张佳胤。

可以说，这是一个机遇，使得张居正可以在全面展开自己的事业之

前，在百官面前树立自己的政治信誉。

　　但是，张居正要面对的问题并不简单。因为老师徐阶的信还提出了一些让张居正头疼的要求。

　　徐阶在信里同时表达，他想请求张居正为他在高拱时期所遭受的迫害平反，顺带把自己三儿子的官司解决。

　　徐阶还真是不客气，当然，这种不客气在当时的朝廷中是正常的。结党营私、官官相护，可以说没有人会避讳这个。

　　徐阶只是按常理跟张居正求情，但张居正不是一个权力主义者，他更希望挽救明朝的江山。他的远大理想不允许他做一些目光短浅的事情。

　　此时，张居正正面临着一个难题：既不能令恩师徐阶失望，也不能令应天巡抚张佳胤认命吃亏。

　　张居正想不出好办法，但是，笼络人心最好的办法就是真诚。张居正做到了这一点。

　　张居正是怎么做的呢？给他们俩回信。

　　张居正写给徐阶一封信，信的开头叙述了自己受徐阶栽培，走到今天的位置的历史。信的中间，承诺了在适当的时机为徐家平反。信的末尾写了当前的政治环境、自己的理想以及所面临的问题。结尾说徐阶老师是当过首辅的，首辅应以国事为重，要分得清大小，权衡利弊。

　　"我想换作您，一定也会这么做的。"张居正以此句为终。

　　一番矛盾心情被张居正演绎得豪情万丈，徐阶看了十分惭愧。既然，张居正已经答应自己的要求，那么时间上有所延长也是被迫的，所以，徐阶也就没再提要求。

　　解决了徐阶的问题，还有张佳胤。张居正在给张佳胤信的开头，直接指出了张佳胤的心病，即因为党派之争而求离职。接着，张居正梳理了张佳胤为官的历史。指出，除了高拱支持你，还有我张居正也支持你。所以，你根本不用忌讳我。张居正继续说到国家大义，说大家都是为了国家、为了百姓，而不应该为了这点小事而放弃为官的机会。在最后一节中，他继续说到，君子坦荡荡，要对得起国家和父母的培养。

　　张居正的一番宏论让张佳胤十分讶异，继而惊叹张居正的宽厚和深明大义。

这样一来,张佳胤于情于理都无须忌讳张居正了,他公正地判了徐家三儿子的案子。因为张居正的挽留,张佳胤步步高升,后做了京官,而且是兵部尚书的位置,成为一代名臣。

张居正至此可谓除得去与明不利之官,又留得住与明有利之官。此举令张居正美名远播。多数官员从心底信服了张居正的为人。万历朝因此聚拢了一批贤能之士。

腾笼换鸟

张居正在确定了必须重用何人以及必须弃用何人的标准后,开始大面积收罗稳健、实干的官员,也就是所谓的"循吏"。

"循吏"一词来自司马迁的《史记》,指的是官场上的好官,但这种好官的名声并没有传得很远,属于默默无闻、老老实实、兢兢业业做事的一类官员。张居正需要这样的官员,作为明朝的中流砥柱。

举个例子。

当时,黄河泛滥问题十分严重,张居正为此费尽心机。当河道大臣和漕运大臣各执己见针锋相对的时候,他几乎不知道如何是好,不知道该支持谁。事实证明,他们都缺乏治河能力,只能陷入无止境的相互扯皮。

张居正只有暂停这种缺乏意义的争论,去寻找更专业的治河人才。既然眼下所有知名的治河人才都想不出办法,那么,张居正想要的人才恐怕不会是知名的。

张居正只有扩大范围寻找人才,但这无异于大海捞针。不过,功夫不负有心人,还是给他找到了。

他叫潘季驯,是工部的一位低级官员,有着多年的治水经验。但是,因为受到工部长官的轻视,他的经验与方法一直不受重视,以至于一直担任低微的职位。

张居正得知后,亲自登门拜访。朝廷中的大人物来自己家了,潘季

驯当然受宠若惊，以至于喜极而泣。

张居正进了潘季驯的家门，第一眼看到的就是一些黄河水道的模型，感觉潘季驯此人很努力。

潘季驯在自己的本专业上毫不胆怯或扭捏，自信地回答张居正问的问题，而且侃侃而谈提出自己的意见和方法。那是一整套解决黄河泛滥的方案。

张居正凭经验认为这的确是一位人才，是所谓的循吏，当场就表达了要提拔潘季驯的意愿。

用人不疑，疑人不用！张居正越级提拔潘季驯，命他主管治理黄河水患的工作，罢免了之前的官员。张居正还专门向万历皇帝上奏，将河道和漕运两个部门合并，方便具体工作。张居正的一系列工作都在为潘季驯提供没有阻碍、能够充分施展才华的舞台。

张居正的眼光没有错。为了报答张居正的知遇之恩，潘季驯竭尽所能，全力以赴，最终完美地治好了黄河水患，受到了百姓的爱戴和朝廷的嘉奖。

不仅如此，在慧眼识珠过后，张居正凭此培植了对自己忠诚的关系网。像潘季驯这类官员，从低微之职被越级提拔，按忠义古训，自然对张居正死心塌地。

从历史上看正因为如此，张居正去世后，万历皇帝开始清算张居正之时，潘季驯挺身而出，为张居正辩护，忠诚可见一斑。

除了以专业才能为标准进行换人，张居正还撤换了大批害群之马。

在明朝政治舞台上，有一个问题对于吏治非常不利，从而贻害无穷。这一问题也是张居正曾经强调过的：明朝的官员喜欢浮于表面的争辩和争执。而且，经常因为一些小事就弹劾其他人，导致人与人的关系恶化，人人自危，进而使朝廷山头林立。

言官群体在这一问题上最为突出。六科给事中和都察院的御史们，他们行使监察权力的方式仅有议论和弹劾两种。这也注定他们勤于议论与举报。

张居正深刻认识到这一问题的严重性，要知道很多官员的矛盾就出

于此。

对于张居正而言，假如官员们把精力都浪费在这些事务上，对于明朝是有害无益的。张居正想要一劳永逸解决这一问题，但是，他毕竟不能取消这种制度。

张居正详细地分析了这一问题！明朝时期的言官多为七品小官，但由于掌握着监察的权力，品级高的官员就喜欢拉拢他们，而他们也喜欢跟着大官混。如此一来，官员依附大官，山头林立，继而互相争斗的现象就层出不穷。

通过这次"京察"，他掌握了一大批趋炎附势和好勇斗狠的言官，并果断地罢免了他们，给其他更加优秀的官员留下了职位。

张居正一方面不辞辛劳，"三顾茅庐"寻得人才；另一方面又能够做到坚决果断，清除害群之马。

经过一番大力的整顿，加上万历皇帝的全力支持，张居正的"人事改革"成效显著，在北京城内，官员们的纪律得到了良好的改善。一批有才华、有能力、处事公道的官员被提拔和重用，一批害群之马则被坚决清除。这为他接下来的工作做好了准备。

这次京察的成功，正好做到了这一点！

从以上几个例子中，我们可以总结出张居正用人的几个基本原则，比如用适合之人、用人唯贤、注重社会影响、用专业之才等。这使得万历朝的官员群体开始变得朝气蓬勃，面貌焕然一新。

教育大革新

十年树木，百年树人。教育是一个国家长盛不衰的根本保证。张居正又把眼光放在改革教育体制上，这是长盛不衰的根本保证。张居正与其他首辅的根本不同之处，那就是他不满足于简单的权力斗争或人事调整，而是把制度建设作为自己的主要任务。

此时明朝的教育领域和其他领域一样，也是一种衰败的气象和氛围。学生贿赂老师的事件层出不穷，老师则习惯于培植自己的门生，

党同伐异。如此一来，学子们不再专心追求学业，而把心思放在了走后门上。

同时，阳明心学兴起，讲学之风盛行，书院遍天下。一大批优秀儒学生员离开儒学，进入书院，直接冲击了衰败中的学校教育。

张居正认为这种风气必须通过教育改革才能解决。

万历三年五月，张居正向万历皇帝上疏，要求"整顿学分、重振人才"，在几个方面作出了硬性的改革要求，要求将教育系统的官员一律换成品行端正、博学多才的官员；要求负责监督教育的官员，要经常到州县去考察，广泛地提倡孝道，推广清廉作风；要求学子应该好好读书，不能结党营私，而且不能谈论国家大事。

对于教育方面的改革，张居正还制定了非常细致的条例：

一、在改革实施以后，各个省负责监管教育的官员都要亲自带领教员与学子对平时所学习的课程进行探讨，使得学子的学习更有针对性，满足朝廷对人才的需要；教员以及学子不允许在府学、州学、县学之外的地方私立书院，更不能结党营私，召集无用之徒，谈与学业无关之事；不能妄想走捷径行贿赂之事。

二、如果教员以及学子在平日里荒废学业，买通官府假公济私或者包揽官司、行为伤风败俗，一旦证据确凿，不管平日成绩如何出众，立即开除，朝廷不再录用。

三、关于朝廷以及国家的弊端，民众都可以直言进谏，但是学子们不能发表任何观点。

四、各省专管人员要在朝廷的指示下开办学校，不能越职越权，更不能利用任何理由以及借口为自己谋取利益或者为别人谋取官职。

五、各省管理教育的官员，每年必须亲自前往所管辖的地区进行考核，考核结果必须据实上报给朝廷。

六、在每年的考核过程中，对书院的教员以及学子必须严格监督，不能出现包庇的现象。一旦有碌碌无为、荒废学业者，立刻开除，不得纵容。如果被开除的学子传播流言或者想私自进行报复，那么就立即查出证据，交由朝廷严惩。

七、学子文理不通，考试不及格，接受助学银超过十年以上者，全部派到周围地区衙门充当胥吏；接受助学银六年以上者，派到本地衙门充当胥吏。

对于这些条例，作为张居正学生的万历皇帝当然十分赞同，因为张居正就是按照条例的精神来教育他的。

因此，万历皇帝立即下旨，要求主管教育的部门按照这些条例执行。为了更大力度改革教育，万历皇帝下旨如果有不按此条例执行者，无论官职大小，立即罢黜。

经过四年的革新，明朝教育现状有了一定程度的改变。

万历七年，张居正再一次上疏整顿教育。这次的手段更为严厉，即要求全国禁止开办私立书院。张居正想要通过此举统一思想，为明朝的复兴培养适合的人才。

张居正此举对天下的读书人是一次巨大的冲击。张居正的改革有一个根本性的特点，就是疾风骤雨式的，誓要将某些"传统"连根拔除。

接下来，万历皇帝下达旨意，取缔了全国六十四处学院。不少著名的私人书院被取缔。张居正遭到了无数读书人的指责，其中有一个人叫何心隐。

何心隐本名叫梁汝元，是江西永丰人。何心隐与当时的一个"反潮流"的学派——泰州学派在全国各地游学演讲。他的行为违反了朝廷"不许群聚徒党"的规定。此人还在讲学中大胆批判朝廷的改革，并直指张居正专权擅政。

于是，湖广巡抚在上报朝廷之后，将他打入了大牢。把有名望的读书人打入大牢，已经是一件明目张胆与读书人作对的事情。不仅如此，一些官员为了讨好张居正，竟然把何心隐杀死了。张居正对自己的形象一向非常看重，这无疑是给张居正帮倒忙。

泰州学派有一位思想家李贽，也是明朝著名思想家，他写了一篇《何心隐论》的文章。文章赞美了何心隐，同时批判了张居正。

所以说，张居正的教育改革是富有争议的。

张居正的教育改革是一次全面的改革。改革有利于维护明朝官方学说，即程朱理学的正统地位和权威，保证以官方的意识形态教育和培养人才。

但是，教育改革波及面过广，导致产生强烈的阻力。等到张居正去世后，此项改革就难以进行下去了。

力挽狂澜：张居正

第六章　考成新法清政治

借助祖宗颁新法

此时，张居正在人事的调整主要依靠两个方面：一方面是上层权力机关的调整，另一方面是京察。但是，这显然是不够的。就目前而言，张居正所做非常有限，并没有独创性的发明。

从明朝制度上看，京官每六年京察一次，地方官每三年一次"大计"（指考察）。这显然是不够的。所以，明朝的制度必须改革，才能适应新的政治环境。

在张居正看来，治国即治吏，这一方面必须有彻底的变革。而且，当前的政治态势只不过是他的权力所致，在本质上并不比高拱、徐阶高明多少，他死后整个政治环境可能会恢复原样。这显然是他不愿意看到的。他需要制度上的建设。

前面已讲，万历元年六月，张居正联名内阁大学士上疏请求进行"随事考成"，这就是著名的"考成法"。这是谨慎的张居正一生中唯一创制的新法。

其基本内容是：以"尊主权，课吏职，行赏罚，一号令"为方针，也就是使政府权威得到尊重，督促官吏履行职责，施行赏罚分明的奖惩制度，统一政府在全国的号令。还有就是裁撤政府机构中的冗官冗员，整顿邮传和铨政。"铨政"指的是选拔、任用、考核官吏的政务。

我们先不谈具体的内容。张居正提出了新的法令，首先要面对的

不是轰轰烈烈的改革实际。对于一个封建国家来说，一项法令合不合理倒是其次，占第一位的是遵循传统。要知道，即使张居正这等级别的大臣，在制定法律、改变传统方面也没有足够的资格。

除了这一问题，还有官员们支持与否的问题。张居正此时的所作所为其实是在破坏一大批人的利益。官员工作当中的不敬业、不专业、不负责、互相推诿、浮躁懒怠等问题，按照张居正的改革，都将受到比之前更严厉的惩罚。

民间有歌谣讽刺了这类"官僚主义"的现象，说：考试交白卷的，总是出身最高学府国子监；最不懂天文的，偏偏都进了天文台，那五音不全的，正掌管着国家乐府机构；写字难看，画画像鬼的，莫过于文华、武英殿上的大学士们！可以说非常形象。张居正是要动这部分人的奶酪。所以，阻力是很大的。

当然，最大的问题还是观念问题。张居正的改革需要百官们突破传统的观念，这一点尤其困难。

那么，"考成法"到底是这么一回事呢？

"考成法"本来是张居正自创的一种官员考核办法，但古人一般喜欢"引经据典"，所以，他觉得他只是从古人的著作中受到启发才想出来的。这一点是很重要的。

使张居正受到启发的史料来自近二百年前明太祖朱元璋亲自签发的大明律法《大明会典》，上面记载着这样的内容，用通俗的话说就是行政部门的工作都应留有备案，尤其是上奏给朝廷的表章，更应核查并且备案。

张居正在这里也要了一下小聪明。事实上，朱元璋时期的大明律法名义是朱元璋亲自签发的，但是这些内容其实是当时主管司法的人提出的，朱元璋的签发只是形式上的。

当然，张居正并不在意是否为形式上的，对于他的新法，只要有了朱元璋的签字，就好像有了保驾护航，别人也就不敢提出反对了。

在这个思路下，张居正就以"祖宗成法"作为自己改革官僚体制的旗号，具体改革政策就是"考成法"。

"考成法"的具体内容，是张居正对上述《大明会典》中规定的扩充。主要有如下几个方面内容。

第一，规定六部（吏、户、礼、兵、刑、工）的工作必须以实事登记，即备案。就是说，计划要完成哪些目标、目标的具体量化数据、具体完成时间等，都要清楚地登记，而实际完成了多少，实际的完成时间等，也要清楚地登记。备案的册子，即"考成簿"，除了六部要有之外，监察系统（六科给事中，即言官）和内阁也要各自抄录一份，从而形成相互监督考察之势。

第二，六部工作不仅要备案，更重要的则是考核与核查。

考成法规定，六科的言官不应再像以前那样只会大发议论，而是要根据考成簿按月核查六部官员的工作情况，并根据核查结果对官员提出相应的奖惩意见。这样一来，六部官员就受到了六科官员的监督。而六科官员则要受到内阁的监督，内阁会根据三份相同的考成簿对六科和六部进行定期考核，最终考核的结果，将作为官员升降和去留的依据。

从朝廷到地方，都以统一的标准执行。如此一来，那些平日里无所事事的官员就受到了很大的工作压力。

考成新法显成效

新法律的颁布有了张居正的力推，皇帝的认同，并对细节问题有重视与良好处理，得到了很大程度的推广。

那么，效果体现在哪里呢？答案是税收。

前面提到，高拱下台之后，留下的是一个烂摊子。特别是财政方面，国库已经十分空虚，连官员的俸禄都发不出来了，朝廷每年的财政赤字达到二三百万两银子。

从实行"考成法"以来，明朝的赋税征收状况得到很大的改善。以前的官员在公文上做手脚，不注重实际的效果。而"考成法"则弥补了这一缺陷，张居正规定要以收缴拖欠税收的量作为衡量官员政绩的标准，避免了从前的漏洞，把很多滞留在地方的税款收归朝廷。往年拖欠

的税收有百分之七八十都被收了回来，明朝的国库充实了不少。

自古以来，征税方案从制定时的预期到实施时的实际效果，往往会出现很大的差距。造成这一差距的原因往往不是方案缺乏科学性，而是很多地方官员中饱私囊。甚至出现地方官员为了多收税款，往百姓身上摊派。

同时，当时土地兼并问题非常严重，全国大量的土地实际上都隐瞒在大地主手里，地主们并不给自己实际掌握的所有土地上税，只是给少量的土地上税，所以国家税收严重流失，这是国家财政收入减少的一个主要原因。

"考成法"实施以来，官员收缴欠税的积极性被大大激发，不仅税款征收齐了，百姓的负担也减少了。

除了开源之外，张居正还用了一个办法充实国库，那就是减少财政支出。

开源节流，本是同时进行的。张居正"减少财政支出"的工作主要在几个方面：

第一，皇室花销要减少。张居正认为从皇室入手，一方面，可以切实解决问题，因为皇室支出占了很大一部分；另一方面，可以形成示范效应。

不同于嘉靖皇帝和隆庆皇帝，万历皇帝对这一问题是持支持态度的，这也源于张居正对他的教导。由于万历皇帝的支持，这一点很快做到了。

万历三年的时候，有一次万历皇帝想要改善伙食，向户部要十万两银子。但张居正不同意，上疏提到多个原因：国家目前还不富裕，皇宫的饮食已经很好了，即将面临春耕，北方边疆也不安定，国家建设的各个方面都很需要钱，等等。最终，万历皇帝就放弃了这十万两银子。

在张居正的力争下，还停止重修慈庆、慈宁二宫及武英殿，停止输钱内库供赏赐，节省服饰费用，减苏松应天三府织造等。

张居正甚至因害怕浪费灯烛，将万历皇帝安排在晚上的课程改到了白天。纂修先皇实录，照例得赐宴一次，张居正参加纂修穆宗实录，提出了辞免赐宴。

第二，国防花费要减少。当时的明朝的主要防御对象是鞑靼。国防开支的确是一笔很大的支出。不过，到万历时期，这一问题得到了很大的改善。尤其是明朝和俺答达成了基本和解，使明朝用在对抗鞑靼方面的钱少了很多。

张居正还需做的是进一步减少辽东方面的"属夷"的奖赏，这是容易办的，张居正此后对他们的加赏要求再没有答应。

张居正在这两方面的节约，使万历朝的国库得到了很大程度的充实。而通过考成法，两方面节约开支有了制度上的保障。

考成法还有一项重要内容，那就是整顿驿传，也就是明朝的驿递制度。驿递制度就是管理各个驿站的制度。

在古代，交通不发达，信息传递很不方便。为了方便信息的传递，明朝在北京到各个省份的重要交通线上都设立驿站，作用就是为传递信息的人提供吃住以及更换马匹等。

这里有一个深刻的问题，那就是设立驿站的钱，以及吃住用度等都是由附近居民所提供。陆上驿站的马、驴、夫役，水驿的红船、水夫，全都来自民间。而参与驿站工作的这些工人都是没有报酬的。

而且，对于驿站使用的规定是有很大缺陷的，众多官员在众多情况下都可以使用驿站的服务，常常导致驿站处于超负荷运转。

明朝制定驿站制度初期的规定是：非有军国大事，任何人没有使用的权利，即使王公贵族来到此地，也只许带随从一名，可使用的情况只有六种。现在显然不是这样了。到了嘉靖三十七年，能够申请驿站使用权的有五十一种情况，

凡是符合这五十一种情况的，都可以向当地官府申请所谓的"勘合"，也就是许可证。但是，审核十分粗放不严格，最后使得许可证可以轻松获得，并且可以转赠他人。

这样一来，附近的老百姓往往不堪重负，怨声载道。

万历三年，张居正经过长期的考察，提出了酝酿已久的驿站整顿计划：

一、官员不是办理公事的，不许开给勘合；不是办理军务的，不许

使用金鼓旗号；就算是官员办理公务，如抬轿的人太多，不管官职高低都不予接待；

二、抚、按、司、府的官员，不许借口走远路而使用驿站；

三、设有驿站的州、县，只需要供应油烛柴炭；

四、前往京城朝觐的官员，除了带上自己需要的人员外，不许又向驿站索取车马等；

五、所有的官员只要是丁忧、起复、给由、升转、改调、到任等，都不许给予勘合，也不许使用驿站。

除此之外，从京城到外省的，由兵部颁发许可证，仍然要回京的，回京后许可证要交还；由外省到京城的由巡抚衙门颁发许可证，到了京城后，许可证要交到兵部。

张居正之所以敢大刀阔斧改革，"考成法"是定海神针。这样一来，利用驿站吃喝住行的每笔开销都要接受监督，从而避免了腐败，减轻了人民的经济负担。

《明神宗实录》里说："自考成之法一立，数十年废弛丛积之政渐次修举。"就是说"考成法"推行之后，明朝官场上延续数十年的懈怠之风，就渐渐扭转了。

不惧权贵，不避亲近

考成法实施以来，当然遭到了不少人的反对和指责，有的人也保持着侥幸心理，以为自己可以得以幸免。衍圣公就是其中的一位。

所谓"衍圣公"，是一个封号，出于世人对于"万世师表"孔子的尊重，是由孔子嫡系后人承袭的封号。考成法推行之时，衍圣公是孔子的六十四代孙孔尚贤。按照规定，衍圣公每年都要入朝觐见皇帝。

这位孔子的六十四代孙孔尚贤当时还做了一件与他身份非常不符合的事情，那就是带着大量山东特产到北京去卖。这可以说是没啥运输成本的买卖，因为从山东到北京的各地驿站都会为他提供服务。他得到的便宜不是一星半点儿。当然，这是在以前。

考成法推行之后，孔尚贤根本没有放在心上。"太阳底下无新事"，此前他已经知道京城的首辅张居正推行了一场规模宏大的改革，但是他怎么会放在心上呢！

孔尚贤拿到了许可证，但是，当他和往常一样碰到一处就入住时，显然情况变了——没有一家驿站接待他的庞大队伍。按规定，只有他一个人可以得到驿站的服务。除了他以外，任何人、车、物一概不予接待。

事实上，山东布政使早已报告了张居正，张居正坚决地回答：就算是圣人的后代，也不能超越国家的法律！不能因为是圣人的后代就放宽不究，反而更应该一视同仁。

这下子，衍圣公又羞又恼。恼的是他这么一大批特产只能花钱运到京城，羞的当然是他竟然受到蔑视了。他认为这是不公正的待遇。

到了京城后，衍圣公就去礼部讨说法。但是，礼部长官没有见他，而是让他等通知。没多久，通知来了，竟然是：以后只许三年到京城觐见一次。

这下孔尚贤是彻底没招了，任凭他怎样不满，也没有任何办法。他也不可能去找皇帝求情。

衍圣公的"遭遇"很容易解释，如果驿站和礼部纵容他，那么领头的长官就会受到处罚。

当然，衍圣公不是个例，张居正的家人也没有这样的福利。

比如，他的儿子要参加科举考试，由于只能回户籍所在地也就是湖北江陵考，因此考试之前必须从北京赶回老家。张居正怎么做的呢？他帮儿子雇了辆车，让儿子低调乘车赶路，一路上坚决不许踏进驿站一步。

又如，张居正之父张文明过生日，张居正自己脱不开身，就让弟弟张居敬携礼物回老家为父亲庆生。同样，张居敬也不住驿站，而是自己骑着毛驴带着行李回去的。礼部得知后，要给张居敬送免费凭证，但张居正坚决不同意，说实施新法，必须以身作则！

通过这几个例子，张居正在驿站改革中树立了"不惧权贵，不避亲近"的形象，当出现官员在驿站中想投机取巧的情况时，老百姓就

会提起衍圣公和张居正儿子及弟弟的例子，官员们就变得更加谨慎小心了。

横扫一切阻碍

通常来说，一项事业的完成要经历先一鸣惊人，再遭风波乃至威胁的过程。张居正的"考成法"初期产生了很大的效果。这得益于他对颁布新法之前以及颁布过程中的细节问题处理比较得当。当然，问题总是避免不了的。

我们先来看看成绩。

万历三年，查出各省抚按官名下未完成事件共计二百三十七件，涉抚按诸臣五十四人。凤阳巡抚王宗沐、巡按张更化、广东巡按张守约、浙江巡按肖廪因未完成事件数量太多而被罚停俸三个月。

万历四年，朝廷规定，地方官征赋不足九成者一律处罚。十二月，户科给事中奏报，山东有十七名，河南有两名官员，因地方征赋不足九成受到降级处分；并有山东两名，河南九名官员受革职处分。

为了更加清晰地掌握京城和全国其他地区官员奖惩情况，张居正特制了十二面屏风，放在了万历帝读书的文华殿，称为"全国官员分布图"。

他命人把全国分成十二个大区，将各区官员名单抄写其上，每十天更新一次，由此可对全国官员的人事变动随时掌握。

此物放置于文华殿，也方便了年幼的万历皇帝随时掌握全国官员的人事状况。除此之外，还有一个重要的意义，那就是表明张居正的改革决心。

屏风上的名单十天一换，若没有变化，也无须更新。初期的时候，被淘汰的官员较多，随着改革的深入，官员队伍趋于稳定，屏风的作用就较小了。

就在张居正的考成法取得了令人瞩目的成绩时，更大的麻烦出现了。虽然这件事情本身并不大，但是它的影响却是深远的。

在推行考成法之初，就有一些官员开始弹劾张居正，他们认为张居正的改革太过严厉、太过猛烈。

其中有一个御史傅应祯，说张居正是一个"天变不足畏、祖宗不足法、人言不足恤"的人，也就是说张居正什么都不怕，一意孤行。他还拿王安石变法来对比张居正改革，认为张居正的改革会毁掉大明。

像傅应祯这类人是标准的保守派，他们难以在具体的改革中挑出毛病，就说一些泛泛而论的话，混淆视听。

有一些官员甚至利用旱灾、地震、水患等自然灾害，污蔑是张居正改革造成的。张居正当然很清楚这些人攻击自己，无非是考成法触动了他们的利益。但眼下他大权在握，无人可以撼动。张居正只是反驳了一句：迂腐言论！而后，他更加专注地投入工作，竭力用改革大潮和成绩彻底淹没这些目光短浅、自私自利的言论。

此后，他还多次表示："使吾为刽子手，吾亦不离法场而证菩提。"意思就是说，即使自己是刽子手，因为担负了对奸恶下刀的职责，就绝不会为信佛而抛弃岗位！

由此可以看出，张居正对于改革事业，是痛下杀心的。用一句话来说，就是横下一条心，魔挡杀魔，神挡杀神。

为了考成法能深入人心，张居正不惧权贵、不避亲近，对所有人一视同仁。对于权贵而言，张居正是更大的权贵；对于亲近而言，张居正是家里的"主人"，家人都得听自己的话。对于这两类人，张居正是容易对付的。

但是，接下来这个情况，张居正就难以对付了。

张居正有一个学生叫刘台，隆庆五年进士。张居正当时是会试的主考官，所以他是张居正的门生。

刘台初入官场做了湖北江陵的县令，我们都知道江陵是张居正的家乡。那么，刘台作为江陵县令免不了巴结一下张居正的家里人。尽管张居正此时大力推行改革，反对贿赂，但刘台还是持有侥幸心理。

那么，他巴结谁呢？答案是张居正的父亲张文明。我们知道张文明在张居正推行考成法时，曾受到张居正的指责。可以看出，张文明此人

和很多官员一样，个人不够廉洁，还是"一人得道鸡犬升天"的一套思想。家里发达后，他也就走上作威作福的路子。

所以，刘台是找对人了。张文明可没有像张居正那样恪守原则，拒绝贿赂。话说江陵县因为赶上了黄河改道，形成了不少土地肥沃的滩涂。这些新产生的土地本为国家所有，正所谓"普天之下莫非王土"。

但是，刘台耍了一下小聪明。他把这些土地通过一些冠冕堂皇的名义送给了张文明，而张文明自然笑纳了。

根据"等价交换"原则，张文明自然要回报刘台。张文明的回报就是给儿子写信表扬江陵县令刘台。

从工作成绩上看，刘台做得还不错，说明不是酒囊饭袋，还是有一些能力的。张文明一推荐，儿子张居正又看了刘台考成的成绩，也就提拔了刘台。

万历三年，刘台一路升迁，成了辽东巡按御史。

辽东巡按御史属于都察院系统，监管当地的大小官员，权力很大。

刘台官运亨通，一直顺顺利利，自对张居正忠心耿耿。他到了辽东前线后，恰逢大明名将李成梁战胜了泰宁部。

作为辽东巡按，加之自己是张居正的得意门生，刘台就第一时间给朝廷写了一封辽东大捷的奏章。然而，这却惹出了事端。

刘台一心急，不但吃不了热豆腐，还赔了夫人又折兵！

考成法中有很重要的一条，叫"综核名实"，即该你做的事，你一件都不能少；不该你做的事，你也别越俎代庖，多管闲事。那叫越权，也要受罚。

那么，刘台作为辽东巡按御史，有没有报捷的资格呢？答案是没有。

明朝的巡按御史，属于监察系统，而地方上真正的行政长官是布政使，军事长官则是指挥使和总兵。巡按御史只是朝廷特派员，被派到地方上监督各军政官员而已。

从明英宗以来，明朝就规定巡按御史不能过问军事，只有巡抚可以。因此刘台若是巡抚，就可以报捷，但他只是巡按御史，就不可

以，就是越权了。

刘台当然知道这些规定，这完全是他骄傲自满的结果。他认为自己是张居正的得意门生，张居正一直把他当自己人，何况这是一件好事，由他来报告，虽然违反了一些规定，于情于理也能说得过去。

张居正一看到这道奏章后，摇了摇头。正处于改革大潮中的他清楚地知道规则的重要性。没有规矩，不成方圆，没有规矩，其他人就会模仿，最后导致改革的失败。

而刘台是自己一路提拔的，假如自己心软的话，肯定会留人话柄。所以，对于刘台问题的处理关系到改革的成败。那么，张居正也就不得不痛下狠心了。要知道刘台并没有犯什么大错误，这使张居正处于一种尴尬的状态。

因此，张居正决定请万历皇帝对刘台进行降职处罚。

刘台得知后，十分生气，他认为自己不过是越了一点权。但是，他犯错恰好处在改革风口上，所以必须付出一定的代价。

张居正此举不仅严肃了考成法的纪律，而且还达到了一个效果，那就是削弱了检查权对地方军权的影响。

事实上，张居正一直对巡按御史对地方政治干预过大的问题感到很头痛。

张居正曾在《答苏松巡按曾公士楚言抚按职掌不同》一文中说："至于直指使者，往往舍其本职，而侵越巡抚之事，违道以干誉，徇情以养交，此大谬也。"

这段话的意思是：这些朝廷特派员到了地方，本身在军政领域并不专业，却喜欢指手画脚，多加干预，以至于下级官员不知听谁的好，人事关系也变得混乱，如此下去，早晚会出乱子。

张居正考成法的目的就是使百官职责分明。刘台的案子也就成为使这一点在官员心中更为深入的契机。

张居正去世后，到万历四十七年，兵部右侍郎杨镐经略辽东，与努尔哈赤展开决战。此战，明军本来在各方面都占优，且士气昂扬，可是最后的萨尔浒一战，明军却大败。从此明朝面对后金，就从攻势变成了

守势，直到最后亡国。

杨镐的失败原因很多，其中一点，当时的朝廷特派员兵科给事中赵兴邦在军中督战，一再催促，导致仓促进军，中了埋伏，是失败重要原因。由此可见，张居正约束这些朝廷特派员的权力，是极有先见之明的。这就是张居正的高明之处。

敌我斗争险过关

话说刘台还没有被降职呢，他就想着"欺师灭祖"了。刘台虽然也算一个能臣，毕竟张居正看的是他的能力。但是，他就是难以理解张居正的良苦用心。他还想起了自己对张居正之父张文明的照顾，更是觉得冤枉和羞耻。

刘台已经开始对这个老师怨气横生。

一波未平，一波又起。之前阻碍张居正改革的御史傅应祯在这样的时候又找张居正的麻烦，开始对张居正的赋税制度不满。

这时，那位傅应祯又发话了，向张居正的赋税政策开炮。张居正向来对言官们不满，傅应祯可谓撞到了枪口上。张居正便上奏万历皇帝，要求把傅应祯革职查办，并搜罗其党羽。

傅应祯被关进狱中后，给事中徐贞明带着御史李祯、乔岩看望他。锦衣卫余阴上告，这三个人后也一起被贬。此事结果是，傅应祯被贬到定海。给事中严用和、御史刘天衢等上疏营救，但万历皇上皆不听。

这个傅应祯和刘台私交甚笃。所以，刘台对张居正更加怨恨，觉得张居正与他以及其他一些官员已经水火不容了。

这个时候，他开始孤注一掷，就是弹劾张居正。

张居正没有想到事情会闹得这么大，也没有想到傅应祯以及同党组成的保守势力这么强大，所以当刘台弹劾他时，他的第一反应是吃了一惊。

万历四年正月，刘台上疏弹劾张居正，说了几点：

第一，张居正名为遵守"祖宗成宪"，实际上自高拱下台后做的事情都违背了祖宗之法，属于欺世盗名。

太祖强调监察的作用，所以明朝设置六科，向皇帝直接负责，而张居正的考成法，令六科向内阁负责，六科也就成了内阁的下级机关，监察权的独立性就丧失了。

第二，张居正在人事上结党营私。

官员的选任都是有一定惯例的，例如凡是内阁成员都须当过翰林院庶吉士，这是当时的惯例。

但是，高供任内阁首辅时，张居正曾经同意提拔张四维入内阁，后者没当过庶吉士。张四维是张居正好友王崇古的外甥。

第三，张居正垄断专权。

张居正利用考成法控制了行政和监察两大系统，并以宰相自居。更有甚者，他还讨好后宫，进献《白燕诗》，为天下人所耻笑，并且公报私仇打击辽王朱宪㸅，还将辽王府纳为张家私宅。

第四，张居正实行苛政。

张居正为了催缴赋税，往往对地方官员过于严苛，致使官场上人人自危，也令百姓叫苦不迭。

第五，张居正生活奢侈，贪污腐化。

张居正的家乡在江陵，张家本来是一个普通家庭。但张居正成为内阁首辅后，张家就摇身一变成为富甲一方的豪门望族，其中大量钱财来自官员行贿。此事众人皆知。

刘台的弹劾是与众不同的：刘台是张居正的门生，他的弹劾影响重大。在当时"尊师重道"的大环境下，刘台的弹劾不啻一声惊雷；其次，刘台掌握着张家贪污受贿的证据，这是不言而喻的。

刘台弹劾的几点，可以用来攻击张居正的很少。要知道，张居正是隆庆皇帝托孤的重臣，张居正的独当一面是皇权赋予的。

张居正也完全可以用其他理由反驳刘台，并用合理的解释治刘台诬告之罪，况且万历新政成绩斐然，即使张居正有一些瑕疵，也完全不必担心。

不过，刘台的弹劾倒是使张居正萌生了去意，他没有去治刘台的罪，而是开始申请辞职。

不管怎么样，张居正无法回避这次指控的特殊性和其中一项内容。学生告老师，这是从未有过的荒谬之事，令张居正难以忍受；父亲张文明的确是贪污受贿。

除此之外，张居正可能还有这样的考量，即验证一下万历皇室对自己的信任改变与否。

张居正这么一招，倒是让万历初期的权力"铁三角"——李太后、万历皇帝以及冯保也慌了。他们都极力反对张居正辞职。

李太后见了张居正。她面对张居正就哭了，她真是拿张居正当自己人。她对张居正说了，你张居正受了先帝的托付，现在国家刚刚革新，而皇帝年幼，这让我们母子怎么办呀！

李太后旁边是万历小皇帝。小皇帝对张居正说，先生为国家鞠躬尽瘁，如果朕不为先生做主，令先生蒙受不白之冤，怎么能算得上好皇帝呢！

一旁的冯保也连连称是。

大明朝最有权力的三个人——万历皇帝、李太后和冯保——同时在求张居正留下。但是，张居正还是没有答应，他先后上了三篇辞职申请，甚至在正式上朝的时候，他跪在地上大哭不起，坚决要辞职，最后还是万历帝走下龙椅，亲自把张居正给扶了起来。

张居正显然试探出了万历皇帝对自己的忠诚，终于答应了不再辞职。

至于鲁莽的刘台，万历母子都主张严厉惩罚，万历皇帝甚至传令太监到内阁传旨。

"皇上决定将刘台下狱，打一百杖，发配充军。"

这显然是念给张居正听的。这就相当于皇帝恭维张居正了，张居正的权威又上了一个高度。

张居正主动上疏请求对刘台从轻处理。最后刘台只是被贬为庶民，一百杖和充军都免了。

张居正主动辞职以及为刘台求情的举动赢得了不少人的赞美。

不过，万历八年，有官员揭发刘台在任辽东巡按期间贪污受贿，结果内阁下令严查，最后定了刘台的罪，还是将他发配到边疆了。

张居正担任首辅期间，共撤职两千多位九品以上官员，这个数字大于明朝其他时期的总和，可见他整顿官场的力度之大。

考成法实现了两个方面的效果：

第一，考核工作实效，提高了效率；

第二，注重上下级相互监督，完善了层层督促与监察制度。

第七章 "一条鞭"里有乾坤

"一条鞭法"是什么

当人们看到"一条鞭法"这四个字时，肯定会有所疑惑。它的名字有些怪。

那么，所谓"一条鞭法"的具体内容是这样的。

据《明史》记载：其一，合并赋役，将田赋和各种名目的徭役合并一起征收，同时将部分丁役负担摊入田亩；

其二，将过去按户、丁出办徭役，改为据丁数和田粮摊派；

其三，赋役负担除政府需要征收米麦以外的，一律折收银两；农民及各种负担力役户可以出钱代役，力役由官府雇人承应；

其四，赋役征收由地方官吏直接办理，废除了原来通过粮长、里长办理征解赋役的"民收民解"制，改为"官收官解"制。

通俗的理解就是：将所有的赋税并为一项，只收一次，而且征收货币税。

那么，为什么要实施"一条鞭法"呢？主要有几个方面原因：

随着明中后期土地兼并情况日益加剧，出现了一大批地主豪强，他们强占农民土地，并逃避相关的赋税。如此一来，就造成了贫富之间的严重差距，形成"富者田连阡陌，贫者无立锥之地"的情形。再加上长期以来的朝廷贪污腐败等现象，严重导致了国库空虚，而苛捐杂税现象又使民不聊生。

同时，明朝时期的商品经济已经有了较大的发展。不少失去土地的农民都弃农从商了。商品经济的发展使白银货币的流通多了，白银广泛使用，为"一条鞭法"实施折银征收提供了有利条件。

而且，明朝中后期出现税种和徭役名目繁多、层出不穷的问题。明太祖朱元璋本身是赤贫贫农出身，对元朝末年的苛捐杂税深有体会，因此在建立大明之初，他就说过税制要"法贵简单，使人易晓"。

这话是对户部说的，意思就是税收制度要简单、清晰、明了，避免烦琐复杂。

各种原因，使得张居正采用"一条鞭法"。虽然张居正进行了"一条鞭法"的改革，但是张居正并不是"一条鞭法"的原创者。

在万历朝开始之前，江南实行的"征一法"，江西的"鼠尾册"，东南出现的"十段锦法"，浙江、广东出现的"均平银"，福建出现的"纲银法"，都具有徭役折银向田亩转移的内容，是"一条鞭法"的雏形。

嘉靖九年，户部尚书梁材根据桂萼关于"编审徭役"的奏疏，提出革除赋役弊病的方案：

"十甲丁粮总于一里，各里丁粮总于一州一县，各州县总于府，各府总于布政司。布政司通将一省丁粮均派一省徭役，内量除优免之数，每粮一石审银若干，每丁审银若干，斟酌繁简，通融科派，造定册籍。"

这段话比较复杂。嘉靖十年，御史傅汉臣把它简化为一句话：通计一省丁粮，均派一省徭役。这种方法为"一条编法"，即后来所说的"一条鞭法"。

一条鞭法的首次实践是在南直隶（约今江苏、安徽）和浙江，其次为江西、福建、广东和广西，这些地区的赋役较为繁重。但这时只限于某些府、州、县，并未普遍实行。

和张居正改革一样，由于赋役改革触及官绅地主的既有经济利益，阻力很大，在开始时期进展较慢，从嘉靖四十年至隆庆皇帝的十多年间始逐渐推广。

但是，推广的效果一直不好，导致一直处于停滞状态。

例如嘉靖后期到隆庆时期，应天巡抚海瑞和浙江巡抚庞尚鹏这两位在试行一条鞭法上比较出名的官员都先后被免了官。

这时的户部尚书葛守礼尤其抵触"一条鞭法"，他可是身为经济部门主管。

到了万历时期，葛守礼又担任都察院左都御史，即监察部门的最高领导，张居正需要靠他来驾驭监察系统，因此也不想因"一条鞭法"而与葛守礼发生矛盾。

所以他就任内阁首辅之初，对"一条鞭法"采取不予评价的态度。他也要观望，这个"一条鞭法"究竟是利大于弊还是弊大于利。

所以，在深入推广"一条鞭法"的同时，张居正开展了另一项工作，以配合"一条鞭法"的实施。

清丈田粮迎富庶

万历六年，张居正开始清丈全国土地，即"清丈田粮"，清查溢额脱漏，并限三年完成。这很有利于"一条鞭法"的实施。

"清丈田粮"也不是张居正的独创。嘉靖九年，桂萼提出清丈土地、核实田亩。张居正在总结前人清丈经验的基础上，于万历六年在全国范围内开展了声势浩大的清丈土地的运动，史称"万历清丈"。

十一月，张居正上疏请皇帝下一道谕旨，通告全国正式进行土地丈量，清查之前所有的漏税情况，并将福建作为第一个试点，实行"清丈田粮"。

其具体做法是：由当地官员派人到乡里，对每块田地进行面积的重新丈量，然后报告给朝廷实际的数字，并且将丈量的实际面积与之前官府所登记的面积进行彻底核对，一旦有虚假或者隐瞒的情况要及时报告给朝廷。接下来，要根据田地面积大小，分成上等、中等、下等进行赋税征收，并且一定要将从前避税、拖税的地主官僚清查出来。而这种方法就叫"丈地亩，清浮粮"。

张居正经过长时间的反复斟酌，决定在福建进行"清丈田粮"。为

了保证成功，张居正还给福建巡抚耿定向写了一封信，信中反复要求他重视这件事情，并提前和他说了这件事情的困难程度，并鼓励他要坚持下去。

为了推动丈田，张居正以身作则，主动按照清丈要求，清查自家隐瞒的田亩。他写信给江陵老家的儿子张嗣修，命其严格核查自家的土地情况。

在核查中发现，张家原有田土不过七十余石粮，而在该县赋役册中却写着"内阁张优免六百四十余石"，而这多出的五百七十余石是张家的一个亲戚捣鬼。

查清之后，张嗣修按其父要求不仅将多的五百七十石田粮上交国家，而且主动表示放弃优免待遇。

万历八年九月，福建的改革实行完毕，清查出避税的田地"共二十三万一千五百亩"。这说明清查成效显著，只要把这些避税土地未缴纳的税款征收起来，国库就将得到一大笔钱。福建如此，其他省份也基本如此。这样一来，清丈工作将使得国库得到巨大的充实。

张居正马上把这种方法推广到其他省份，并颁布了"清丈田粮"的八条原则。原则中的前五条全部是政策性的规定：

一、清丈田粮的重点是清查税粮是否有隐瞒逃避；

二、由各省的布政司衙门官员和各府州县的官员完成当地的清丈工作；

三、耕地要区分官田、民田、屯田，同时也要区分上田、中田、下田，然后根据不同的土地等级制定出相应的纳税份额；

四、清丈工作完成后，要尽快执行不同等级的土地应该上缴的税额；

五、在清丈中，如果有主动交代曾为避税而隐瞒真实土地面积的人，可以赦免其罪；如果有不按事实上报，避税漏税者以及隐瞒赋税的官僚地主一律严惩不贷。

其余的三条原则是针对清丈方法的规定，分别是定清丈之期、行丈量磨算之法、处纸札供应之费。

随着福建"清丈田粮"的成功以及更加具体严格的规定颁布后，到万历八年，已有多个省份完成。一直到万历十一年，"清丈田粮"的工作

第七章 "一条鞭"里有乾坤

完全完成。如此大规模、持续时间久的清丈工作完成后，成效十分明显。

通过清丈工作，张居正总共盘查土地高达七百零一万三千九百七十六顷，比弘治时期的总田地量增加了三百万顷。全国范围内从大地主手中查出了三百多万顷被隐瞒的土地。

清丈的效果让张居正意识到了清丈田亩的作用，因此他一再下达公文嘱咐各省各地官员做好这项工作。

他还曾经对山东巡抚这样说："清丈事，实百年旷举，宜及仆在位，务为一了百当。"

他还对山西巡抚这样说："此举实均天下大政，然积弊丛蠹之余，非精核详审，未能妥当。诸公宜及仆在位，做个一了百当，不宜草草速完也。"

两句话的意思都是说清丈是百年大计，并嘱咐他们千万不能敷衍了事。

从这些话中，我们可以看出张居正对这项工作的重视，以及他对这项工作能否顺利完成的焦虑以及急迫的心理。

当然，清丈损害了一些大地主官僚的利益，所以清丈工作的阻力非常大。在清丈的过程中，就查出了很多避税的田地。

比如在浙江省衢州府西安县，进行清丈工作之后，主管官员发现原来征收赋税的田地面积远远小于当下丈量的田地面积。

这一问题的症结就在于大量地主隐瞒了真实的田地面积，而经过清丈之后，官府就查出了这些田地，在地主补足了缺失的额度之外，还另外增加了一万一千三百二十三亩田地。如果西安县的赋税总额不变，那么新增这些田地的赋税将会共同分担田赋总额。显然，这样每亩田地的赋税就少了，大大减轻了合法纳税者的负担。

《衢州府志》中有估算，每亩旱地只需要承担原来百分之六十七的赋税；每亩水田只需要承担之前百分之九十八的赋税；每三亩水淤地只需要承担从前一亩的赋税；每两亩荒地也仅仅承担原来一亩的赋税。

又比如，在江西实行清丈制度以后，除之前的田地总额度外，增加了六百一十四万五千九百五十四亩的田地，是原额度的百分之三十。

清丈工作杜绝了一些人想通过各种手段蒙混过关的现象，而且清丈

完毕之后朝廷需要征税的田地总面积也大大地增加了，甚至比从前的田地总面积还多出了百分之五十。

张居正为了提高官员们的清丈积极性，将清丈工作作为官员政绩的考核依据。

由于张居正频繁地下达公文，下了死命令，规定清丈工作后土地面积只能增加，不能减少，彻底避免出现一些地方官员弄虚作假的现象。

随着额田的增加，国家财政危机亦得以缓解。《明史·张学颜传》称："自正（德）、嘉（靖）虚耗之后，至万历十年间，最称富庶。"

步步推进促国策

在全面清丈田亩的同时，张居正也在紧张地深入研究一条鞭法。

万历三年，深入推行一条鞭法的阻力降低，原因就是都察院左都御史葛守礼退休了。这是反对一条鞭法的最大实权派。也就是说，张居正此时大力推行一条鞭法，将没有一品大员的阻挠。

但是，张居正还是很谨慎，和清丈工作全面展开之前一样，他的办法还是在部分地区试行一条鞭法。

一条鞭的实践已经有不少。在万历朝之前，地方上试行一条鞭法最为出名的是应天巡抚海瑞和前浙江巡抚庞尚鹏。

张居正需要一个得力的助手。海瑞由于自身原因，张居正已经拒绝重用他。那么，庞尚鹏就成为张居正心目中的理想人物。

当时，庞尚鹏赋闲在家，张居正迅速起用了他。

张居正选的试行地点还是福建。福建也是他选择进行清丈田亩的试行地点。张居正为什么两次都选择在福建呢？这倒不是福建的社会民意基础较好，或者官员较为配合。

选择福建的根本原因是福建、浙江一带是倭寇肆虐的重灾区。在倭寇被消灭后，这些地区的治理也就远不及其他地区，所以这些地区的土地兼并问题非常突出。

在张居正看来，一方面，这恰恰能使改革很快见成效；另一方面，

所谓"以猛药治恶疾"，张居正也希望一举解决福建的土地问题，并为全国推广做样板。

庞尚鹏到福建任"改革总干事"后，发挥了他的能力，在福建把一条鞭法搞得有声有色，吸引了人们的注意。而且，由于一条鞭法的实施，福建的财政得到了很大的改善。同时，由于各种原因失去土地的农民也得以恢复生产，安居乐业了。

一切都按照张居正的计划进行着，张居正开始慢慢地向周边推广。福建之后，是浙江和江西。浙江、江西与福建的情况大体一致，张居正根据庞尚鹏的意见，选任了得力的人员。很快，这两个地方的实践也大获成功。

浙江、江西与福建，这三个地方属于南方地区。葛守礼等反对派反对一条鞭法的原因之一是说，此法如果适合南方，那么一定不适合北方。所以，张居正还不能贸然把富有他改革色彩的一条鞭法向全国推广。

一条鞭法真的是不适合北方吗？张居正对此可不服气。张居正由南向北逐步扩大试行范围，在闽浙赣之后，又扩大至湖北和湖南。张居正是湖北江陵人，所以，这块区域的阻力相对比较小。

由南向北扩张的第一站是山东。山东位于淮河以北，是绝对意义上的北方地区。事实上，葛守礼敢断定一条鞭法不适合北方，其重要原因就在于北方的保守势力庞大。在这种情况下，说实话，山东的一条鞭法实践最初是不理想的。

这个时候，张居正在山东加大了考成法的执法力度，揪出了一批保守派官员。他想用这个办法，先罢黜一些保守派官员，然后再推进改革。

张居正对山东巡抚李世达屡次强调了一条鞭法的重要性，他在给李世达的名为《答总宪李渐庵言驿递条编任怨》的信中写道："条编之法，近旨已尽事理……仆今不难破家沉族，以殉公家之务……以公知己，敢布区区。"

这就是给李世达看自己的决心，大概意思就是说，我张居正为了推行一条鞭法，有着不惜"破家沉族""殉公家之务"的决心和勇气，你们地方官还有什么好怕的呢？

李世达，嘉靖三十五年中进士，和张居正一样，他非常讨厌言官，为人中正忠厚。内阁首辅张居正给了他巨大的支持，使他坚定了在山东推行一条鞭法的信心，结果是成功了。山东的实践成功打破了反对势力对一条鞭法在舆论上的攻击。

随着山东的成功，张居正得以把一条鞭法推广到全国。等到这富于张居正改革色彩的一条鞭法成功推广至全国时，已经是万历九年了。张居正是在他去世之前，成功在全国施行了一条鞭法。

至此，一条鞭法终于成为大明王朝的一条国策，也被后世称为明代最具经济学意义的赋税改革。

一条鞭法将各种名目繁多的税种和徭役全部合计成一种，同时用上税来代替徭役。不愿意服徭役的，就花钱顶替，这样一来，农民的所有负担就合并成了一个。

《江西通志》有这样的记载，说施行了一条鞭法之后"父老于是无亲役之苦，无鬻产之虞，无愁叹之声，无贿赂侵渔之患"，也就是说生活负担大大地减轻了。

而且，一条鞭法推行之后，白银成为赋税的标准。白银的货币功能得到释放之后，对全社会的经济生活都起到了协调作用，极大地促进了商业的发展。

第八章　黄河泛滥觅人才

水利积弊已深重

在中国古代，水利问题一直是关系国计民生并可能产生重大社会影响的问题。治水一直是历朝历代天子朝臣们要面对主要的问题之一。

在明朝，南北粮食运输主要依赖运河，而运河又经常会出现问题，导致明朝经常因水患缺粮。所以有的官员就提出了修筑新河的想法，但这个想法因为不切实际，被张居正否决了。

那么，这运河的情况到底怎么样呢？

当运河载着从杭州来的粮船到江苏的洪泽湖时，就会遇到从安徽来的淮河，这时淮河、运河交汇。一旦淮河涨水，就会堵塞河道，运河就无法运输。这是运河的第一个弱点。

当运河到达徐州的茶城时，就只能通过黄河。黄河水流湍急，非常危险。遇到涨水时水量太大，会使南方的粮船随时有被淹没的危险，而遇到枯水季节水量又太小，粮船便要搁浅在河中，无法顺利到达北京。这是运河的第二个弱点。

身为内阁首辅，张居正也希望彻底解决治河问题。

隆庆四年，黄河在邳州决口了。这样一来就使得从睢宁到宿迁一百八十里的黄河水很快变浅，正好将前往北方的粮船搁浅在黄河里，一概不能北上，情况异常紧急。

那时是高拱当政，大臣们提出了两种解决运河问题的办法。

第一种办法是：通过加强海运来解决南方物资的北调问题。提出这种办法的人还设计了一条海运的路线：从太仓、嘉定沿东海航行，就可以到达天津；到天津后无论陆运还是河运就非常方便了。

第二种办法就是修胶莱新河。

第一种办法很快被否定了，因为当时的海运并不发达。

第二种办法有迷惑性。

胶莱河是发源于山东高密的一条入海河，有两条支流：一条在北边，一条在南边。由于南边的支流在胶州的麻湾口入海，因此被称为胶河，而北边的支流则在山东掖县（莱州）的海仓口入海，所以被称为莱河。

这两条支流之间隔着一个高大的分水岭。所以，办法就是将胶河与莱河之间的分水岭从中凿开，开通一条水道，即胶莱新河。

那么原来的海运路线变成了这样的情况：

从南方出发的运输船由淮入海，到达胶州的麻湾口时，逆流而进入胶河；在胶河航行一段之后，就往北进入新开凿的胶莱新河，一直航行进入北边的莱河，剩下到北京的航运就是从莱河的海仓口入渤海湾，再往北航行一段海路就可到达天津。

隆庆五年，给事中李贵和就上疏请求修胶莱新河，内阁大学士高拱同样极力赞同修胶莱新河。

上文提到，这个方案被否定了。因为要开凿的胶莱新河坐落在丘陵和高山地区，没有水。

到了张居正掌舵大明的时候，水患导致的运输危机已经使得张居正变得寝食难安了。

话说在万历元年和万历二年，运输四百万石粮食的船都顺利地到达了北京。这给了张居正一些侥幸的心理。

万历三年，黄河暴涨，水量极大，砀山很快决口了。一大部分黄河水由淮安进入运河，甚至直接流到了长江。如此一来，江淮和扬州一带就面临着发生水灾的危险。

张居正刚刚放下的心又一下子提到了喉咙口。

封建社会总是有一些荒唐的风水之说。比如，黄河到徐州以后，不许改河道使它向南流，因为黄河向南流的话就会破坏掉明朝皇帝祖坟的风水。

由于这个荒唐的风水问题，黄河到开封以后，也不能改河道使它向北流，因为黄河向北流就不能向南回流，这样就会使得淮、徐一线的漕运发生问题。

即使没有过徐州的黄河也不允许轻易改道，因为改道很容易便会出现浅滩，肯定会阻碍一边运粮船向北，另一边空船回南的路线。

所以，明朝无法仅靠修筑堤岸，来拦挡暴涨的河水。无奈之下，张居正只好给河道总督傅希挚写信。他想向这位管理河道的负责人弄清楚，这次情况是黄河入海口淤堵导致黄河决口，还是筑堤岸的原因，以及解决的办法。

傅希挚，嘉靖三十五年进士，其特点是"不受馈赠"，是一个清官。他回了一封信《治河议》，但是并没有把问题讲清楚。

张居正再次写信给他。张居正说："愿闻至当归一之论，人告于上而行之。"也就是说张居正等权力中心人物已经不知道该怎么样对付了，希望你们这些权力中下层的人提供一个办法，我们马上就实行。这说明张居正已经非常着急了。

张居正催得急，傅希挚也很紧张。他想到了一个事，曾经有人提出过一个开通泇河的办法。

首先，由于泇河有两个水源，一个在峄县，一个在费县，因此被人们称为东、西二泇河；可将北边的微山湖、赤山湖和中间的东、西泇河以及南边的沂水、宿迁骆马湖用水道连接在一起，最后把这条水道引入黄河。

万历三年二月，傅希挚向万历皇帝上疏，将开通泇河的计划提了出来。

张居正不太同意，他给傅希挚写信说：

"现在说要修河，很有可能是要修的，但是事关重大，甚至有人说要花七八百万两，需要仔细斟酌。因而，派来了人亲自考察。这件事情，以前也有大臣提起，知道它的便利之处，只是由于任务太重，没有

人敢担当。现在你既然要担当，你就要坚持己见，仔细办理。"

在经过工科都给事中侯于赵的亲自勘察之后，认为要开通洳河是不太可能的。原因在于，如果开通这条河，意味着需要开凿和搬运走这里的五百五十丈长石地，工程太过庞大，所需经费不是一个小数目。

明朝众臣对水患一时没有办法，这让万历皇帝十分苦恼。整个大明朝竟然找不出一个治水的人才，这更让身为百官之首的张居正十分难堪。

失败是成功之母

就在这个节骨眼上，万历三年的九月，南京工部尚书刘应节和右侍郎徐栻上疏再次请求开通胶莱新河。

这两位和张居正是同年的进士，一直交往，并且关系不错。其中的刘应节，这个人是山东潍县人，他对于胶莱一带的情况，非常熟悉。因此，张居正觉得他的话可信。

对于"开通胶莱新河"这一计划，张居正之前是反对的。但这次，他却认为是不错的办法。

这里有四个原因：

第一，黄河水的泛滥为开通胶莱新河提供了水源。在此之前，张居正就因为缺乏水源的原因否定了这一计划。

第二，由于开通洳河的计划失败，张居正急切地想要寻找一个可行的办法。

第三，由于计划是刘应节等人提出的，张居正非常信任。

第四，此时的国库可以负担相关的工程费用。开通胶莱新河的花费预计要比开通洳河小。

综合这几个方面，张居正对开凿胶莱新河充满期待。他派了徐栻前往山东，会同山东巡抚李世达一起开凿新河，并写信表扬了刘应节能够在紧张时刻"忘私徇国"发挥才干。

万历皇帝对于这一计划当然十分赞同，他在上谕中严厉地说："再

· 111 ·

有造言阻挠的，拿来重处。"

大家都对刘应节和徐栻充满期待，希望他们能够成功开辟水道，一举解决南方物资北调的老问题。当然，更重要的是先将北京需要的四百万石粮食成功运到。

就这样，在万历皇帝和张居正的支持和统一思想下，一场水利攻坚战正式展开。

负责开凿新运河的徐栻和山东巡抚李世达面对的第一个问题是山东老百姓的反对。他们认为一旦运河的河道改变，就会使原来沿河道的商业经济受到损害，而且要开凿新河就不得不动用大量的劳役，这些劳役就是从山东本地而来。

随着反对声愈演愈烈，徐栻和李世达竟然也开始动摇了。

张居正见此情况，立即给徐栻写了信。信里先说了一段鼓励的话：徐栻，你应该做事果断，不要轻易听信别人。但是，张居正见这种情况也感觉诧异，他在信的末尾保留意见，并安慰他说，你不会因为没有成功开凿运河而受到处罚。

万历四年的正月，徐栻上疏说凿开胶河与莱河之间的分水岭，然后引水进新河，再筑堤建闸，估计需要花去九十余万两银子的工钱。

张居正一见钱变得这么多，几乎认定是徐栻搞的鬼，认为他这是不想干了。所以，张居正又把刘应节调到了山东，会同徐栻一起开凿新河。

可是，这两人却发生了矛盾，刘应节主张利用海水，徐栻则主张引用山泉。这是张居正没有想到的。原来，这事情连他们这两个计划者也没有想明白。

就在两人争执不下的时候，奉命勘察分水岭的山东巡按御史商为正得出了一个惊人的结论，他说要想开凿分水岭，这点钱还远远不够。

面对这样糟糕和混乱的条件，张居正第一次感觉自己做错了。他和万历皇帝一样太过心急，而心一急就没有考虑周到。而刘应节和徐栻这两个人又信誓旦旦，难免会让他产生侥幸的心理。

正在这个时候，有人提出：之所以要开凿胶莱新河，本来是为了代

替这一段的危险海运；然而，在进入胶莱新河以前，运输物资的船还是要走很长一段的内流河，也就是淮安以下的运河。要是这段运河也出问题，后面的路程再安全也是没用的。

也就是说，可能出现一种情况，那就是开凿新运河是毫无用处的。而历史证明，在万历三年的时候，淮安以下的运河到了高邮就被黄河涨水冲得决口了。

张居正已经彻底放弃这一鲁莽的计划，只好让工部商议是否还要继续这个工程。

万历四年六月，这个被炒得热火朝天的计划就这样停止了。

人才兴则事业兴

张居正掀起了巨大规模的改革，却被治水绊了一下。张居正在这件事上犯了什么错？可以明显看出，张居正求胜心切与缺乏专业能力。但最根本来说，他犯了用人不察、鲁莽用人的错误。

毋庸置疑，他接下来应该去寻找得力的助手。

万历三年时，工科给事中徐贞明曾经上疏建议河北和山东一带都可以兴修水利，这样就可以灌溉北方的农田，以产出更多的粮食供给军用。

徐贞明的方法真可谓另辟蹊径，当所有人都对黄河水患深恶痛绝的时候，他却能够想到利用它。当所有人都认为粮食必须从南方运往北方，他却认识到在北方某些地区也可以自力更生，生产更多的粮食。

但是，徐贞明的办法没有引起该有的关注。徐贞明的建议在交给工部尚书郭朝宾审查后，得到了"水田劳民，请俟异日"的回复。

张居正暂时没发现徐贞明。但是，张居正发现了其他的治水人才。

万历四年，他慧眼识珠看中了漕运总督吴桂芳。

万历四年二月，吴桂芳上了一个奏疏。在这个奏疏里，他提出了多开黄河入海口的建议。他痛心地批判："国家转运，惟知急漕而不暇急民，故朝廷设官，亦主治河而不知治海。"意思是说，国家总是把漕运

放在首位，但忽视了遭受水灾的百姓。当务之急，是把泛滥的洪水排入大海，以解黎民之危险。

吴桂芳是个有治水经验的官员。在他看来，之所以黄河总是在下游造成水患，原因就在于黄河入海口只有云梯关一个地方。入海口少了，就会导致肆意的黄河水不能及时得到排泄，最终造成冲垮堤岸，形成洪水漫溢的结果。

张居正看到这个上疏后，大受启发。这个办法虽然不能解决此次漕运危机，但也不失为一个缓解灾情的好办法。

于是，张居正采纳了吴桂芳的建议，给予了他政治上的支持。在一封写给吴桂芳的信中，张居正如此说道：

"以前朝廷不是不顾及淮、扬一带百姓的生死，而是苦于找不到优秀的治水人才。现在看见你的上疏，觉得问题一下就解决了。的确，要解决水患问题，必须疏导下泄，因此就需要治海口。海口只要通了，水就可以流走了。希望你能够坚持下去！"

在张居正的支持之下，吴桂芳大胆地开始了疏浚草湾的工作。万历四年七月，草湾疏浚成功。

八月，工部向万历皇帝复奏。皇帝大喜，赏赐了吴桂芳银钱。

张居正也十分高兴，治水工作已经进行了几年，这是一次很大的成功。所以，他沿着这一思路继续发掘人才。

万历六年出任河槽总督的潘季驯也是其中一个。潘季驯在前文中已有涉及，他是张居正"三顾茅庐"觅得的治水高手。

我们现在来说一说潘季驯在治水上的独到见解。

这位专家提倡"河道紧缩说"。黄河之所以为害，原因是河沙淤积，河道不通。对于这一点专家们都无异议，但在解决的方案上则有截然不同的主张。

有人建议加宽河道，他们认为河道宽则水流畅。潘季驯认为河道宽则流速小，流速愈小则泥沙沉淀的机会愈多，经过若干年月之后，河床就会愈积愈高。

他主张，应该选择重要的地段把河道收紧，同时把附近的清水河流

用人工疏凿引入黄河，以增加黄河的流速，照这样的办法，可以不需要经常疏浚而是"自浚"。

他又建议，河堤不能几十里、几百里相连不绝，应该预先在河水汹涌的地方留出缺口，而在缺口之后筑成第二、第三的"遥堤"，和第一线的河堤之间构成"含水湖"。大量河水在缺口处突破第一线，流至遥堤，流速已经降低而储蓄在这些人工含水湖中，就不致扩大其危害。

在河堤合龙和迫使河水改道的工程中，潘季驯使用"柳辊"作为有力工具。

这种柳辊通常长一百五十尺、圆周二十尺，制作的方法是先用植物和泥土像地毯一样构成长块，再用大树和绳索构成中心轴卷架，然后把这块"地毯"卷在架上，用大树枝和大绳索捆紧。

这一用泥土、树枝制造的大圆柱体遇水可以膨胀，因而不致被急流冲走。每一柳辊由成百上千的工人拖运到选定的地点。当地还有装满大石块的舢板，也已准备停当。柳辊就位，舢板凿沉。随着一声号令大批的工人，把他们已经摆在肩上的泥土以最快的速度堆放在土堤上。待到决口堵塞，再逐步把堤坝加固。

张居正成功发掘了多位治水人才，为大明王朝的水利事业提供了人才上的支持。

第九章　万里长城平地起

经营北防数十年

明朝的边防一直是一个顽疾。上文说到，由于把汉那吉事件的成功解决，明朝和鞑靼首领俺答基本达成和解。隆庆五年，明朝册封俺答为"顺义王"，颁布敕书。北防事务进入了和平发展期。

当然，这一和平的达成是较为漫长的。

张居正自隆庆元年入内阁后，正式开始参与北防事务。

他提出了两点：

一是，加强武备，富国强兵，采取多种措施提高防卫能力；

二是，采取通贡羁縻的手段达成和解。

这两点一直作为对北方事务的方针、策略，贯穿于张居正的整个北防工作中。

嘉靖以来，俺答部频繁进犯，明朝北方防线屡次被突破。在张居正的支持下，王崇古上提出"封贡互市"，最终与俺答达成和解。

在与俺答修好后，张居正一直督促明朝政府尊重俺答，坚守盟约，施行怀柔政策不断稳固双方的关系。在俺答部下的小股部队袭扰明朝军队时，张居正严令边防将领不得轻易出战。

隆庆六年，黄台吉等欲从甘州前往西海住牧，明朝传谕给俺答，令其严令各个部落遵守法度，不得随意前往西海住牧。

黄台吉是俺答唯一活着的儿子，也是把汉那吉的叔叔，把汉那吉的爸爸早先已战死。

此时，明朝的册封提高了俺答在部落中的威信，俺答部已成为全部鞑靼部落中最为强大的一支。

张居正对于俺答的怀柔政策非常见效，但他并非一味怀柔。张居正施行了两种截然不同的政策，概括起来就是"东制西怀"。

从西边进攻大明的是俺答部，为最强的部落，张居正采取的是怀柔政策。从东边进攻大明的是土蛮部，张居正坚决地采取抵抗政策。

俺答被封为顺义王后，土蛮首领一直耿耿于怀，在俺答偃旗息鼓后，还一直进犯大明。

张居正的做法有一个好处，那就是保证了大明对敌的主动权，也就是说并非所有扰边的部落都能够得到朝廷怀柔对待。这样做，朝廷保持了国家的尊严。

而土蛮得不到俺答的支援后，战斗力锐减，也和俺答产生了嫌隙。明朝成功地分化了对手。

张居正一方面加强了蓟辽防务，在土蛮进犯时，俺答始终保持中立，甚至帮助明军。在这样的形势下，明朝集中兵力，多次打退了土蛮军队的侵犯。

俺答的弟弟老把都死后，其子青把都继承父位，威信较低。张居正料定黄台吉会吞并老把都的部族，所以他主张扶持青把都，对抗黄台吉。张居正利用鞑靼部中的矛盾，不断分化瓦解他们。

张居正认为巩固边防的重中之重就是将领的选用，他知人善任，大胆地任用了一大批独当一面的将领处理边务。

隆庆年间，张居正支持谭纶为兵部左侍郎兼右都御史，总督蓟辽以及保定军务。

谭纶，原浙江台州知府，在对抗倭寇进犯东南沿海等战事中，表现优秀。

谭纶在上任后上疏提高武将权限。明代一直有"以文统军"的制度，导致指挥和实战严重脱节。他的这一建议受到了强烈的质疑和反

对。在张居正等人的支持下，谭纶成功获得了军队的独立指挥权，成就一个惊天动地的壮举。

谭纶不负众望，自上任后，蓟辽前线边备大整，敌人不敢来犯。

在张居正的推举下，明朝在"九边"任命了一大批著名将领，诸如宣大、山西总督王崇古，昌平总兵杨四畏，辽东总兵李成梁，保定总兵傅津，等等。这很大程度上改变了此前因边防无将而屡被进犯的不堪局面。

在任命边将的同时，张居正注重奖罚，主张重赏重罚。张居正大刀阔斧地进行了奖惩总督的改革。如宣府总兵马芳在隆庆年间转战宣大、咸宁、黑山，战功卓著，获得了荫子千户以及银钱的赏赐。陕西延绥总兵赵苛戴罪立功，杀敌三百余人，夺马一百多匹，即升迁为大同总兵，荫子正千户……

这些奖赏远远超过了以前的标准，遭到了文官的抵制，但这一抵制被张居正严厉谴责。张居正此举大大激励了将士效命疆场的积极性。

隆庆六年，张居正派遣兵部左侍郎汪道昆巡视蓟辽前线，兵部右侍郎巡视宣府、大同、山西三镇，兵部侍郎协理京营戎政王遴巡视陕西四镇。

张居正为了审查、考核边防的具体情况，经常派遣大臣巡边，加强监督，用"考成法"严肃地约束边防将士。

隆庆六年，吴百朋巡视山西三镇，以粮饷、险隘、兵马、器械、屯田、盐法、番马、逆党等八项标准考核边将。大同总兵因为行贿被弹劾。

为了保持边防的长期稳定，隆庆二年，张居正就提出了官员久任的建议。他认为边将如果频繁更换，不利于边防的军事稳定，而且也容易造成人才的浪费。在张居正的促进下，自隆庆六年起，北边的主要将领基本久任。

万历二年，蓟辽总督刘应节奏请留镇守山海关总兵戚继光、昌平总兵杨四畏、辽东总兵李成梁、保定总兵傅津"久任"，得到万历皇帝批准。

除此之外，朝廷还规定边将不能随便辞职。万历三年二月，巡抚辽东兵部右侍郎张学颜等三人请求辞职，没被允许；六月，大将王崇古因

病请辞，也没被允许。当边将遭人弹劾时，朝廷也不轻易罢免。

边将的久任为北边的稳定起了重要作用。其中，戚继光镇守蓟镇十六年，李成梁镇守辽东三十年。

为了保证边防军队的粮饷需求，屯田是一项重要措施。隆庆六年，甘肃巡抚廖逢节上疏陈请整顿屯田。当时，因为各种不利影响，屯田数锐减。

张居正在给王崇古的书信也提及了屯边的紧迫性和重要性。

整顿屯田首先从清丈屯田开始。明政府先清查军队数量，再清丈军屯，并规定了清丈的负责部门、清丈的时间、方法以及花销的费用。

由于充分的准备，清丈工作取得了巨大的成绩。清丈后，屯田数量大大增加，一举解决了边将占夺屯田、隐瞒屯田的不良现象。

万历九年，朝廷对边防的花费大大减少。

张居正还在训练边军上下苦功，大力支持练兵，并促进边军训练方法的提高。万历时期，张居正支持一种新的练兵方法——合练之法。

合练之法主要指分强弱立营训练，即将各营的士兵，按照士兵的强弱分工负责相互配合，每三千人为一营，由骁勇善战、技艺精湛的将领分统，操练阵法、武艺、火炮等，平时各营在本地操练，战时则合营出战。

新式的训练提高了军队的战斗力。

张居正还曾上疏，建议在京城整顿京营，举行阅兵。阅兵大大激励了军队的士气。

在张居正看来，拥有一支强大的军队还不是最完美的。

在张居正的示意下，万历年间，边墙、敌台的修筑工作不间断地进行着，修筑长城的规模浩大，使得"明长城"一词深入人心。

民族英雄戚继光

张居正经营边防数十年，成绩斐然。最成功的就是培养了一大批人才。其中，戚继光是出类拔萃的一个。

戚继光祖籍是山东登州卫，也就是现在的山东蓬莱。

戚继光的父亲就是军中将士，所以他是军人家庭出身。

在嘉靖二十三年，当时年仅十七岁的戚继光开始继承父亲的职位，担任登州卫指挥佥事一职，主要负责当地的海防，抵抗倭寇的侵犯。

戚继光在这一位置上扎下根来，十年如一日兢兢业业。嘉靖三十二年夏，戚继光由于功绩突出被提升为山东都指挥佥事。

在后来的十余年里，戚继光作为"救火将军"四处征战，先后转战山东、浙江、江苏、福建、广东。《明史》这样评论他："戚继光用兵，威名震寰宇。"

张居正进入内阁后，便将戚继光调往北方，管理蓟州、昌平、保定三地的军事。

戚继光刚到蓟州前线的时候，当时兵部的长官跟他不和，瞧不起他，并且蓟州当地的明军也瞧不起他，瞧不起他带来的那些南方士兵。

他的三千戚家军来到蓟州接管防务后，列队训示，当地将领就出言不逊，说南方士兵太过瘦小，身体羸弱，禁不住北方的艰苦条件，恐怕不能很好地执行军令。

正好这时，平地起了声闷雷，只见西北方的天空乌云密布，显然是要下暴雨了。

戚继光抓住机会，他冷冷地看着几位当地的将领，抛下一句话："何谓军令如山，你们且看这三千将士！"说完，就走了。

此时一下子大雨如注，那些本地的士兵没等将领下令，就一哄而散。只见三千戚家军站在原地，纹丝不动。众人看到，顿生惊讶。

这场大雨一直下了一整天，直到天黑才停。而这三千戚家军竟也在雨里纹丝不动地站了一整天，没有一个人动一下，也没有一个人体力透支而晕倒。

此时，当地将领和士兵真正地佩服起了戚家军。

戚继光刚到蓟州前线，朵颜部董呼哩就率部来袭。戚继光率军迎战。

董呼哩一听是新任蓟州总兵戚继光来战，大笑道："听说那个戚继光打仗厉害，看来不过如此，平原之地我数万铁骑来袭，他怎能抵挡？"

对方骑兵的确厉害，否则明朝也不用修长城了。

戚继光做出了一件令人大惑不解又十分惊讶的事情，那就是他亲自率兵出长城迎战敌军。这不是送死的行为吗？

当然不是，戚继光是掌握了克敌制胜之策。在敌人还不知戚继光的底细之时，可以利用敌人的大意，打败敌人。

那么戚继光的克敌之策是什么呢？

答案是战车。戚继光把战国时代的战车在此时重新应用到了战场上。从古代军事上看，战车从战国时代就渐渐退出了历史舞台。

而戚继光则把战车与当时最先进的武器——火枪结合了起来。戚家军配备了当时最先进的火枪，于是他把部队分成了"骑兵、步兵、车兵"三个兵种，打仗时多兵种联合作战就是他的制胜法宝。

董呼哩一无所知，脑子里想的只有一举将明军消灭，于是率部大举进军。

而当军队靠近戚家军时，他们惊呆了。眼前是一座巨大的圆形铁城——戚家军的战车围成一个巨大的金属堡垒。

因此敌方的部队就自动停了下来。在他们不知所措之时，只听得一声炮响，圆铁城突然裂开了无数个口子，明军骑兵顿时如洪流般冲了出来。没多久董呼哩的先头部队就全军覆没了。

董呼哩一看恼了，急忙催后续部队跟上。明军骑兵见状，开始迅速回撤，又退回到圆铁城中。他气急败坏，就命令后续部队死命往前冲。

骑兵对战的时候，明军的铁车阵由圆形阵转换成了长蛇阵。而此时见敌人骑兵主力压了上来，快到铁车阵边缘时，铁车阵中突然又是一声炮响，接着炮声不断，火光连连。火枪营的上万火枪早已埋伏在铁车阵之后，只等骑兵靠近，就万枪齐发。

这下敌人的骑兵彻底失败了。

火枪发射完毕之后，步兵又闪亮登场了——他们从铁车后面突然冲出，个个手持特制的杀马器和尖锐的长矛，排成一队。这长矛和杀马器往前一伸，那骑兵的马刀还没碰到明军，马就被砍翻了。

骑兵队伍登时大乱，四处奔逃。此时明军的铁车阵也完全散开了，明军精锐骑兵全数出击，大败敌兵，并生擒了敌军统帅董呼哩，戚家军

一战成名，举国震动！

当地的明军根本不知道还有这样一种战斗方法。

从此之后，戚继光镇守蓟州前线长达十六年，缔造了一条钢铁防线。敌人听到戚家军的名字，就自觉地躲开了。

戚继光不仅是一个军事天才，他还善于改革创新。整个蓟镇的边防长达两千里，因为年久，几乎每年都会出现损坏的现象，自然就十分浪费人力和财力。

戚继光考虑到这些问题后便上疏朝廷，建议在墙外面修建空心台，也就是"敌台"。

空心台高五米，里面中空，内设三层，上面设有雉堞，里面可以住上百人，并且可以储存铠甲、粮草、器械。士兵可以在里面时刻观察周围的环境，如果出现突发状况，士兵也能以最快的速度集合兵力。这是现代战争碉堡的雏形。

在为人上，戚继光也颇得军心。

明代大文学家王世贞曾在《止止堂集序》中称赞戚继光："三十年之间，未尝一日不披坚执锐，与士卒共命于矢石之间！"意思就是说，三十年间，戚继光没有一天不与士兵同甘共苦、并肩作战的！

所以，张居正对戚继光非常爱护。一方面为他清除各种障碍，谁和他不和就把谁调走，甚至对蓟州的官员进行了大换血。

另一方面，张居正经常给他写信，告诫他哪里做得过分，要适当收敛低调等。只有张居正的话，戚继光才勉强听得进去。

张居正去世后，戚继光的地位不再煊赫。他不但兵权被夺，而且被调离了战争第一线，最后郁郁而终。

张居正对戚继光的培养，成就了这位民族英雄，也使得这位民族英雄更加深入人心，受万世崇敬。

辽东悍将李成梁

说完戚继光，我们再来看李成梁。

李成梁是朝鲜后裔，家境十分贫寒。他从小在辽东一带长大，对鞑靼的罪行深恶痛绝。

隆庆元年，鞑靼的土蛮部落侵犯永平府，李成梁因为表现优秀由参将升为副总兵。

隆庆四年，李成梁继任总兵，在积极选将的同时大肆招兵，最后逐渐地稳住了当时辽东一带紧张的局势。

隆庆五年，李成梁带领将士反守为攻，斩杀了五百八十多人，功绩显赫。

至万历年间，悍将李成梁威名远播。

万历二年，他就率手下区区几千兵力，大败建州女真，还亲手杀了女真酋长王杲。有说他此战俘虏了后来的清太祖努尔哈赤，后来就做了李成梁的侍卫。

张居正认为李成梁是将才，应该加以重用。《明史》上记载他"英毅骁健，有大将之才"。

李成梁用兵在于奇。

万历六年时，土蛮入侵辽东。敌人才出发不到两日，李成梁就得到了情报。

当天傍晚他就率领五千兵力出发了。大军一夜急行，奔袭两百余里，如天兵般空降到了土蛮的驻扎地。到达敌军营地之后，李成梁也不让士兵休息一刻，就下令强攻。

敌军当夜就被明军杀得落花流水。次日天未亮，李成梁这五千人马毫发无伤地撤退了。

《明史》中这样形容李成梁："成梁镇辽二十二年，先后奏大捷者十……边帅武功之盛，二百年来未有也。"大意是说李成梁是一个二百年难得一见的军事奇才。

屡立战功的李成梁很快得到了万历皇帝的欣赏。万历皇帝曾经举行仪式告捷太庙，并在皇极门向百官告捷。

后来，在张居正的提拔下，李成梁步步高升，加封为太子太保，后又加封为世荫锦衣卫指挥使，封号宁远伯。

李成梁和戚继光不一样，他的私生活有不少污点。记载称，李成梁

奢侈无度，贵极而骄。

李成梁对于朝廷派发给辽东军的军费总是借机中饱私囊，而且后来他还经常向朝廷谎报军功。为了得到钱，李成梁还垄断了辽东地区的盐业、马政、政府采购等一系列油水足的行业和商业活动。

有时候更荒唐，李成梁会放纵自己的属下杀一些平民，然后取下他们的首级来冒充敌人的首级。

张居正对李成梁的恶习早已知晓，但他从未想过要撤掉他。为了大局，张居正还是会不断敲打警告李成梁。

万历三年五月，李成梁向朝廷告急，谎称土蛮部落再次侵犯中原，兵力有二十多万，请求朝廷尽快拨些军粮以应急。

此事不仅惊动了兵部，还惊动了万历皇帝。

张居正闻讯，冷静分析道，此时正值酷暑、雨季，骑兵对这种天气最为不适，土蛮怎么可能此时倾全力来攻呢？张居正一边派戚继光率军策应李成梁，以防不测；同时指示当地官员侦察敌情，以掌握准确的情报。

当张居正查明根本没有敌人侵犯时。他大发雷霆，要求朝廷严惩了李成梁。

但李成梁不思悔改。万历六年，敌人内部发生争执，七百骑兵投奔大明。但是，李成梁纵容下属，杀了大量的骑兵，并且掠夺了大批的牛羊。

随后，他向朝廷上报，称敌兵来袭，但是明军已经将他们全部斩首。

朝廷知道后，万历皇帝亲自举行告庙仪式，并且对李成梁及其下属进行了嘉奖。张居正是李成梁的克星，他督促兵部查明真相，并暗地再次警告李成梁。李成梁一看难以摆脱张居正的监督，也就变得谨慎了。

张居正对于李成梁说不上特别看重，但是，他能够发挥李成梁军事才华，为大明朝巩固边防，这也是他能够灵活使用人才的一面。

除了戚继光和李成梁，张居正还发掘了其他的人才，为大明边防作出了卓越的贡献。

有了戚继光、李成梁等人的铁血防线、"万里长城"，张居正掌权期间，大明王朝开始复苏，在一定程度上恢复了往日的盛世景象。

力挽狂澜：张居正

第十章　忽闻家乡挽歌声

成功背后的牺牲

万历年以来的这场规模宏大、影响深远的改革取得了巨大的成就。张居正的呕心沥血得到了应有的回报，政治、经济、军事、水利等多个方面都节节胜利，锐不可当，前途一片光明。

张居正还成功克服了学生的反叛、政敌的弹劾以及过程中的失败，依然牢牢掌控着大明朝的命运。

国事兴盛，家事也兴盛。他的次子张嗣修，在科举考试中考中了一甲第二名，即榜眼，有资格进入翰林院了。张居正作为一名父亲，见到自己的事业后继有人了，自然是十分喜悦。

还有一件事情，那就是万历皇帝要结婚了！张居正作为与万历皇帝亲密相处的人，就像父亲期待儿子成家立业一样为万历皇帝高兴。李太后更是下旨，把儿子的婚姻大事全权交给张居正督办。这让张居正倍感欣慰。

不过，鲁迅说：悲剧就是把美好的东西打碎给人看。

当时间停顿在万历五年，在这个普天同庆的时间里，张居正却遭遇了一次前所未有的信誉危机，仿佛万历新政背后的阴暗面一下子窜到了台前，要一举遏制张居正制造的光明情景。

就在张居正为了小万历明年的婚庆大典忙碌之时，他的管家游七突然带了个家人焦急地来到内阁送信。张居正心想什么事如此着急，非要

跑到内阁来说？想必事关重大。

他看着游七那脸色，心就不由得一沉，接过信，只觉得这信格外沉重。

内阁里另外两位大臣吕调阳和张四维见张首辅面色凝重，也不由得停下了手中的工作，望着张居正。只见张居正坐了下来，缓缓打开信封，才读了不到三行，眼泪就夺眶而出了……

吕、张二人急忙凑上来，只扫了一眼，就知道大事不好了。

张居正擦擦眼泪，对吕、张二人说：居正此时心乱得不行，内阁政事只能烦请两位多担待了。说完一拱手，就急急地赶回家了。

…………

什么事呢？

原来是张居正的父亲张文明去世了。

张居正的父亲张文明，在前文中已经屡次提到。他年轻的时候，为了家族的荣誉，一直发奋读书，并且一次次地坚持参加科举。在他二十岁那年，家里人走后门帮助他通过了当地的考试，才勉强获得秀才称号。后来，他想要再创成绩，已经是不可能了。

一直到张文明四十岁的时候，儿子张居正考上进士，进入翰林院做了庶吉士，才终于实现张家的科举梦。从此，张文明也彻底卸下负担。

儿子张居正的步步高升使得张文明欣慰不已，随着张居正最终坐上了大明朝的第一官位——内阁首辅后，张文明的心态已经变得膨胀了。

张居正发达了，他的整个家族也跟着耀武扬威起来，张文明仗着儿子的官职，就开始作威作福。在乡里，他仗着儿子的名声横行霸道，致使乡里的百姓对他怨言颇多。

对于张文明的行为，远在他乡的张居正自然也能听到一些风声。他曾经写信劝告父亲，但他父亲依然我行我素。由于传统道德的约束——如果小辈顶撞长辈，就会被说成"忤逆"——张居正不敢与父亲较劲。他只好写信给当地官员，拜托他们多约束和忍让父亲。

万历五年，已经七十四岁的张文明得了重病。按道理说，他的子孙应该全部陪在他的身边。但张居正政务缠身，而且又在准备万历皇帝的

婚礼，根本抽不出时间也不可能回家。

一贯注重孝道并且十分惦念父亲的张居正不免变得情绪低落。万历皇帝细心地发现张居正的这一情况，就和李太后说了。

李太后当然十分关心张居正，但她并不会同意张居正回老家江陵，所以，她为了表达朝廷的心愿，派了太监代表朝廷去张居正老家探望，并且赏赐了很多东西给张家。

张文明感激涕零，并且拜请太监转告他的心声："皇恩浩荡，今生我张文明没有机会再报答朝廷了，就让张居正代表我们张家效忠朝廷吧！"

张居正也不甘无动于衷，他想出了一个两全的办法，他写了一封家书给自己的叔叔，信中他说自己非常惦记父亲，不能去老父亲那儿实在是忤逆，希望将双亲接到京城来尽孝道。

但是，张文明知道这个消息后，竟然大发雷霆。他写了一封信给张居正，说你是肩膀上有重任的人，如果只挂念家中的老人，那么就不能专心地报效国家。

为了彻底打消张居正的顾虑，张文明还想出了一个办法，他命令仆人用轿子抬着自己，到处出游，隐瞒自己的病痛。张居正因此误以为父亲身体好转，便安心了不少。

张文明这样做的结果必然使他的身体更弱。万历五年九月十三日，他悄无声息地去世了。

丁忧还是夺情

张文明是九月十三日去世的。在张文明死后的第二十天，报丧的人才到了北京。张居正得知噩耗后，陷入了愧疚和痛苦的情绪里。其他官员从未见到过这样悲伤的张居正。

原来，张居正为了自己的政治理想，在北京一待就是十九年，在这期间，他竟一次老家也没回过。也就是说，他已经十九年没见过自己的父亲了！这就是张居正对父亲的愧疚所在。

127

此事传开后，张居正的同事们都亲自探望他。万历皇帝是从内阁大学士吕调阳和张四维处得知这个消息的。

他特地给张居正下了一道谕，说，他也感到无比心痛，劝张居正不要太悲伤。万历皇帝还说了："今宜以朕为念，勉抑哀情，以成大孝。"也就说，他希望张居正以国事为重，以自己为重。

而后，万历皇帝赐予了很多钱，要求对张文明的身后恤典，一切从厚。

万历皇帝这样做的目的无疑是安抚张居正，可是，之前放弃回家机会的张居正已经下了决心回家守孝了。

这不仅是他愧疚的集中表现，也是由于明朝的丁忧制度。

那么，什么是丁忧制度呢？

当官员在遇到祖父母或者父母的丧事时，从知道丧事之日起，不计闰月守孝二十七个月。这个制度适用在所有内外官吏身上。

围绕着这些规定，出现了一些补充规定。第一个规定是"凡官吏匿丧者，俱发原籍为民"。就是说隐瞒丧事不报者将发回原籍做老百姓。

当这个守孝时期一满，守孝的官员就要重新回到工作岗位，这叫"起复"。所以，还有一个规定是"内外大小官员丁忧者，不许保奏夺情起复"。意思是说丁忧时间没有满的时候，不允许申请回到工作岗位。

以上是这个制度的主要内容。

在有如此制度规定的基础上，加之自己内心的痛苦，张居正按照惯例，向吏部提请将自己放回原籍江陵，准备守孝二十七个月。

张居正的要求当然不会这么轻易地被批准。

吏部接到他的提请，就向皇帝作了汇报。皇帝很快就下旨回复：

"朕元辅受皇考付托，辅朕冲幼，安定社稷，朕深切依赖，岂可一日离朕？父制当守，君父尤重，准过七七，不随朝，你部里即往谕著，不必具辞。"

万历皇帝的意思很清楚，还是不准。万历皇帝说了，朕非常依赖先生，怎么可以离开朕呢？

这又是怎么回事，张居正只是践行规则。原来，除了丁忧制度，还

有一个"夺情"之说。

那么何谓"夺情"呢？在守孝的二十七个月中，如果皇上作出特别的指示，官员就不许解职，这便叫夺情。夺情是很少出现的，而且受人诟病，但是万历皇帝还是毅然决然地夺情了。

夺情的背后

万历皇帝之所以这么做，李太后是主使。

张居正父亲病逝，这对当时的明朝来说，可是一件大事。因此消息一出，就迅速传遍了北京城。各方面的反应都十分强烈。

先是万历皇帝率先闻讯。此时他虽然已经十五岁，但毕竟仍是孩子。他听到后也十分悲伤，但除了悲伤，他却意识不到此事的严重性。他大概觉得，生老病死是很正常的，虽然这事让人悲伤，但也是不可避免的，张老师过一段时间应该就好了。

万历帝正思忖着，只听到冯保突然喊道："太后驾到。"话音未落，万历帝就看到冯保陪着自己的母亲李太后走了进来。

万历帝一见到母亲，不禁吓了一跳——只见母亲满面哀愁，连件正装都没顾得穿，显然是急匆匆赶来的。所以他不免有些紧张，赶快请母亲坐下。

李太后皱着眉头，看着儿子问道："皇儿得知张先生父丧之事了吧？"

万历帝赶紧回答，说内阁吕调阳已经报知了，正想召见一下张先生安慰安慰呢。

李太后点点头，说："是该安慰一下先生，可先生马上就要奔丧丁忧，皇儿的意见是？"

万历帝习惯性地答道："一切当然按先生的意思办。"

李太后闻言，竟一下子站了起来，厉声道："皇儿好糊涂啊！"

万历帝一下就蒙了。

只见李太后对他的皇儿连声说道："百官上奏的奏折，你现在会批阅吗？百官贤良与否，你心中是否有数？朝政事无巨细，你能自行决断

吗？还有水灾旱灾、边患民变，你有办法应对吗？”

一串问题下来，万历帝登时傻眼了，只得老实答道：“孩儿不能。”

李太后闻言，嗓门更大了：“我知道你不能，但你作为国君，既然不能治理天下，那你可知如今国家形势好转的原因是什么呢？”

万历帝说：“多亏张先生辅国之功。”

李太后点头道：“是啊，我的儿，若不是张先生殚精竭虑，忠勇任事，我们母子怎会有如此太平的天下！”

李太后此言确是发自肺腑，所以她紧接着就直奔主题说：“现在若让张先生回乡丁忧，那一去便是三年，在这期间，我们母子依靠谁呢？国家要是有所变故，你又该怎么办呢？若有反贼祸国殃民，你该如何辨别忠奸？要是祖宗基业在你手上有半点闪失，你又如何对得起列祖列宗？”

李太后此时已是言重，她自己也是越说越激动。

但万历帝听了母亲的话，说道：“孩儿也不愿张先生去，但父丧丁忧，是祖宗传下来的规矩啊。”

这时，一直在旁的冯保终于说话了。他说：“太后、皇上请放心，内阁大学士夺情起复的案例，在我大明历代不鲜。永乐六年六月，杨荣丁忧，十月起复；宣德元年正月金幼孜丁忧，随即夺情起复……”随后把历朝的夺情起复案例一口气全都报了出来。

李太后边听边点头，见母亲点头，小万历也没脾气。等冯保报告完毕，李太后终于以坚决的口吻对自己的皇儿说：“既有祖宗先例可循，皇上可立即下旨，诏令张先生夺情留任内阁。”

李太后说完转身就离开了。万历帝见母亲如此坚决，也就不好再说什么了。其实，他也不愿他的张老师走，多年来他早已习惯了在张居正宽厚的肩膀上做他的少年皇帝。此时他尽管有所成长，有时也想亲自主政，但就像母亲刚刚问自己的那些事，他也确实应付不了。因此他想若是张老师不在了，那这日子可真就没法过了。

因此母亲的懿旨一下，他也没有犹豫，随即下旨说：

“先生为江山社稷建立下汗马功劳，作出了巨大的贡献，这才是大

忠大孝，因此即使没在父亲身旁尽孝，天下人和您去世的父亲也会认为您已尽了最大的孝道。因此为了大忠大孝，先生万不可抛下国事，抛下万民，抛下您还未长成的皇帝学生回家丁忧啊。"

这话说得委婉，尽管并无"夺情"二字，却已经摆明是下令让张居正夺情了。这就是大明最高统治集团对于此事的第一反应：坚决不能让张居正丁忧！

为了表示对张居正的理解与尊重，万历皇帝主动提出张居正可以行"七七"之孝，也就是四十九天可以不用上朝。

万历皇帝的旨意一下，并没有打消张居正的丁忧决心。张居正立即上疏请求。他说自己受先帝托孤，责任重大，又蒙受皇恩，更应该鞠躬尽瘁，并反复说自己在君臣伦理和父子伦理中难以选择。张居正把这种矛盾的情绪诉诸笔端，希望得到万历皇帝的体恤。

万历皇帝没有心软，还是那个意思：你孝顺我理解，可是我才这么点儿岁数，政务什么的全要靠你！现在国家的各种大事刚刚见到一些起色，怎么能让你走呢？

张居正收到万历皇帝的回复后，又上了一道疏。万历皇帝的态度非常坚决，理由还是这个理由。

见情势，张居正无论如何都难以打动万历皇帝了。而万历皇帝仍然不断紧逼，甚至埋怨起张居正。他说，我为了天下留先生，先生怎么能忍心坚决离去呢！

万历皇帝还替张居正想办法，说：让一名太监跟随张嗣修一起回去安葬张文明，结束后迎奉张居正的母亲来京养老。

"夺情"的大势已定，张居正难以抗拒。所以，他在有限的可能中提出了几个条件：

第一，在守"七七"期间，他的所有薪俸一律不要；第二，这期间，他不参与任何的祭祀吉礼；第三，不管是入侍讲读，还是在阁办事，都要穿青衣束角带；第四，所有的章奏上都要有"守制"二字；第五，请求允许自己明年回去安葬父亲，并迎接母亲回京。

见到张居正已经不再要求丁忧，万历皇帝也就爽快地答应了。

危险的萌芽

前文说到，张文明之死牵动了朝廷上下的心，文武百官都到张府表示同情和慰问。

按照传统来说，张居正丁忧是理所当然的。

中国传统上是一个伦理社会。儒家提倡的伦理纲常，不但是道德准则，也是一种政治准则，具有强制性。

而这一点，在明朝尤为明显。明成祖朱棣就亲自颁布《性理大全》作为全社会的道德标准。所以，有"宋明理学"的说法。

官员们理所当然地认为"丁忧"可以体现士大夫的高尚品格，但是夺情就不一样了。皇帝的"夺情"圣旨一下，马上在官场掀起了波澜。对于"夺情"，士大夫们都认为是不体面的事。

尽管显得不体面，但唐宋以来，"夺情"之事就已经较为常见了，即使理学发达的明朝也并不罕见。况且这在理学家那里也讲得通，毕竟君臣之义是大于父子之情的。

即使是如此，张居正的行为也必然得罪一批人。况且，张居正严厉的改革早已在官员中积累了不小的怨气。这两种不满情绪一叠加，再加上张居正为人的稳重温和，一大批激烈的反对者就开始借此兴风作浪了。

对于这些反对者来说，处境非常有利。如果张居正丁忧的话，他们是得利的。而此时，张居正被夺情了，他们也是得利的。

对于更多人，张居正也得不到理解。他们的态度是，张居正既然已经为国家作出这么大的贡献，此时也应在伦理道德上给天下人做一个表率了。因此，他们认为张居正还是会回乡丁忧的。

这部分人反而对张居正更为不利。

话说，万历帝不但自己下旨夺情，还让吏部依据官员任用规则来挽留张居正。吏部接到皇帝上谕后，按考成法的规定，应该及时拿到吏科备案。可十天过去了，吏部还没有行动。吏科给事中王道成于是就主动来找吏部尚书张瀚。

张瀚原本是张居正破格提拔上来的。当初在考察备选人才的时候，张瀚在三个候选人中排名垫底。按惯例，他是不能够当选的。但是张居

力挽狂澜：张居正

正坚决主张破格提拔张瀚。要知道，当时排名第二的是张居正的好友，所以，张居正对他有知遇之恩。

张居正为何要这么做呢？因为他觉得张瀚此人人格独立，不随波逐流，若是做了吏部尚书，可以给天下所有官员做出良好的表率。于是，在张居正的坚持下，张瀚就越级当选了吏部尚书。

张瀚一直都感恩张居正，但他有点极端。

他认为，张居正当然是一个称职的内阁首辅，但在父丧一事上，张居正不该夺情。纵然是皇帝让他出面劝张居正夺情，他也坚决不干。

因此，王道成来问他时，他说："内阁首辅奔丧，皇上要加恩，这是礼部的事，与我吏部何干？"

王道成一愣，心想，我管你相干与否，我是按考成法的程序办事，你拿了上谕不备案，我这没法核销啊？于是说："张大人既然是奉了圣谕，还是先给我备案核销吧。"

谁知张瀚一听这话火了，激动地大喊："都什么时候了，万古纲常都要被践踏了，还备什么案啊！"

听了这话，王道成扭头就走，他只是一个小官，拿张瀚没办法。但他回到办公室，立即拿起了纸笔，上疏弹劾张瀚！

皇命不可违，他只是按规矩办事罢了。王道成的同事、都察院御史、张居正的支持者谢思启得知后，也和王道成一起弹劾张瀚。

万历帝看到这两份弹劾表章，立马就火了。心想，当初选吏部尚书，要不是张老师力挺你，哪有你的今天？但你居然恩将仇报，更有甚者，你连我的圣谕都敢不理，你这是要上天的节奏吗？

此时的万历帝，可谓是朱家有子初长成，都快结婚了嘛，所以也有自己的主见了。他没有和任何人商议，就当即下旨，勒令张瀚退休回家！

张瀚也算铁骨铮铮，得知之后，立马卷铺盖回家了。

要知道这张瀚可是堂堂吏部尚书，在明朝，那可是文官之首。内阁虽有实权，但无名分。而从名分上讲，张瀚那可就是百官之首了。

而这堂堂百官之首，就因为没有执行小皇帝让张居正夺情的圣谕，

就被勒令退休了，这一下就在官场激起了巨大的波澜。张瀚的刚烈性情给张居正带来一场前所未有的危机。

倒戈风暴

这下事情闹大了，完全令人猝不及防。

张瀚作为堂堂吏部尚书，就因为没有附和张居正的夺情，就被万历皇帝一气之下给罢了官，这一下在官场上激起了巨大波澜。

张瀚的离开，显然是带着无声的抗议的。而不管这抗议有声无声，它总会引发一系列的连锁反应。

果然，在张瀚出走之后的第四天，又一个挑事人的一番话一下子震动了朝野。而这个声音，是张居正率先听到的。

当时，张居正为祭奠父亲，在北京的家中设了一个临时的灵堂。这天，张居正在灵堂守孝，管家游七突然来报，说老爷您的门生翰林院编修吴中行求见。

吴中行，张居正的门生，有出色的才华，受张居正重用。这时听说是他求见，稍事揣摩后，张居正就走出了灵堂。吴中行远远望见张居正，赶紧上前行礼，说道："学生参见恩师。"

张居正不知这位门生找自己是什么事，只是点了点头，然后面色凝重地望着吴中行。

片刻，吴中行从袖子中拿出了一个折子，也是神色凝重，对张老师说："学生有本要上，特来请恩师过目。"

张居正接过奏折，但并未着急看，仍盯着吴中行看。他发觉吴中行神色有点不一样。

张居正面不改色地读了许久，然后抬起头，再次看着吴中行。蓦地，张居正淡淡地问了句："奏折递上去了吗？"

吴中行一听，笑着说："若是没有递上去，学生也不敢拿给老师看了。"

张居正闻言，不说话了。然后两人继续对视，就像刚才一样。

这期间，游七一直在一旁看着。他不明白，这两人这是在干什么？思忖间，只见张居正突然把袍袖一抖，把那奏折甩在了地上，然后就转身回了灵堂。而吴中行，只是苦笑了一下，然后朝张居正的背影拱了拱手，就转身离开了，并没有去捡地上的奏折。

灵堂之外此时只剩下了游七一人，他捡起奏折一看，发现这奏折原来是个副本，题目为"因变陈言明大义以植纲常疏"。正文的开头，说的是父子之情是人的天性，张首辅此时刚刚失去父亲，定是极度悲伤的，这一点皇上您怎么不明白呢？

这一点说得合乎人情。但接着吴中行话锋一转，说朝野上下都和皇上您一样尊重张首辅，我作为张首辅的学生当然也很尊重他，但我们为何尊重他呢？因为他的贤能吗？贤能之人若要肩负天下重任，就应首先正己，做一个道德楷模，这样才能起到良好的示范作用。

但张首辅如今因为您的执意要夺情，违背丁忧的祖宗成法，不就有了道德污点了吗？这样的人如何还能做天下的领袖呢？

在奏疏的最后，吴中行甚至暗示说，如果皇上您和张首辅都坚持夺情的话，那必然会被后世耻笑，并在历史上留下千古骂名！

游七读完这折子，眼睛不由得瞪得大大的，心想这吴中行的胆子怎么这么大，这不是把皇上和张首辅一起给骂了吗？他越想越气，连吴中行这老爷向来引以为豪的学生都如此攻击夺情之事，那老爷心里一定难受极了。

而且更可气的是，这吴中行你上奏折攻击也就罢了，但你那边向皇帝刚递交完，这边又抄了个副本给老爷看，这不是故意气人吗？

随后，游七拿着奏折向灵堂走去。他望见张居正在灵堂上席地而坐，依然面无表情，只是默然垂首望地而已。

张居正读完奏折的副本后，虽然当时显得还算镇定，但心里一定是气得不行。上一次自己要辞职，就是因为自己的学生——刘台——指控自己，让自己成了大明开国以来首个被学生弹劾的人。而现在，在这夺情与否的节骨眼上，竟然又是自己的学生上奏折骂自己。

张居正沉默许久，不禁仰天一叹：我到底做错了什么？为什么连自

己的门生们都不能理解我呢？我难道真的做错了吗？

他开始埋怨他们怎么就理解不了老师那赤诚的爱国之心。

吴中行的奏折递交之后，立即引发了广泛的争论。

但才争论起来，仅仅一天之后，张居正的另一位学生翰林检讨赵用贤又跳出来攻击自己的老师张居正夺情。

他还提到近来天空出现了彗星，说这可是不祥之兆，对应在人间，那不就是张居正夺情么。因为赵用贤是张居正的学生，所以他这么一说，影响就很大。甚至后来京城里有人贴"小广告"，说张居正夺情就是本朝的不祥之兆。

又是自己的学生攻击自己，张居正不知此时作何感想。

但这还不算完，一天之后，张居正的同乡——刑部员外郎艾穆和他的同事沈思孝又联名上书攻击张居正夺情。艾穆的奏疏更是将矛头直指张居正，说："徐庶以母故辞于昭烈曰：臣方寸已乱。居正独非人子而方寸不乱耶？"

这里，艾穆引用了一个典故，说在三国时期，徐庶因为母亲被曹操掳去，曹操借此威胁徐庶，所以徐庶不得已和刘备辞别，说我不是不想助你，但是母亲被曹操掳去，作为儿子，我心思大乱，想帮也帮不了你了。

那意思就是说，徐庶因为母亲被抓，心思乱了什么事都做不成，而你张居正现在父亲去世，竟然还有心思处理国事，你还是儿子吗，还是人吗？

这话显然已经是在骂人了。

由此可见，这些刚烈的文人是有其很极端的一面的。

因此张居正听闻艾穆的话后，拍案而起，悲愤地说："当年严嵩误国误民，可也未曾听说有哪位同乡如此恶毒地攻击他。难道我还不如严嵩吗？！"

张居正已经被这些人惹恼。他感觉他的成就被大大忽略，他开始认为人们因为嫉妒，或某些不可告人的想法，在恶毒地攻击他。

人性的悲歌

张居正受人指摘，万历皇帝更着急。

在吴中行、赵用贤、艾穆和沈思孝之后，一个初入官场的刑部官员邹元标也跟着瞎起哄，上疏攻击张居正。

他不仅攻击张居正，还向万历皇帝开骂："今幸亏居正丁忧，犹可挽留，若不幸身难，陛下之学将终不成，志将终不定耶？"

就是说，皇上您老说离不开张居正，那幸亏张居正现在还在世，若是他不在了，您是不是就无法继续学业了，治国的志向是不是就动摇了？

万历皇帝听了，那是气得要命啊，还没读完就大喊"廷杖！廷杖！"而且这几个人一个也不放过，要当众将他们脱了裤子狠狠地打。

万历皇帝气头之上，不打死这几个家伙不罢休，谁来劝都听不进去。

脱光裤子打屁股，这对于知识分子而言，是种巨大的耻辱。所以，张居正就任首辅之后，就一直反对用这样的方式惩罚大臣。

刘台案时，万历皇帝要替张老师做主，打刘台一百杖充军，最后都被张居正给免了。在万历朝时期，廷杖已经很罕见了。

可如今，万历皇帝突然要对这些上疏反对夺情的人施以廷杖，所以朝野上下一下子就都慌了神。

大多数人都非常同情这些人，因为他们认为他们所做的是正确的。因此很多人不约而同地想要营救这几个人。

请万历皇帝开恩是不可能的。因为他虽然年纪小，但已经显露出专横的潜质。

能救这几位的还有谁呢？

正所谓"解铃还须系铃人"，能拯救这几位的只有张居正了。

首先的办法是旁敲侧击。

新科状元沈懋学特地给张居正之子张嗣修致信，请他一定要搭救那几位"君子"。他们一个是状元，一个是榜眼，比较容易接近。

之前沈懋学也曾致信张嗣修，让他劝父亲不要夺情。现在，他又让

张嗣修来劝父亲搭救这几位反夺情的人，这下张嗣修火了——他是理解父亲的——所以他简单明了地回复了沈懋学，说父亲夺情，那是为国为民，这是尽孝于忠了。除此之外，再无多言。

沈懋学看到回信后，还去骂张嗣修，说张居正不丁忧，就不算是"纯臣"，张嗣修不劝阻父亲，就不算是"诤子"。说你们父子这样下去是要被后世指摘的。而张嗣修得知后，就再未理睬他。

沈懋学不甘心，又致信当时的名士、张居正的亲家、都察院右都御使李幼滋，请他出面劝说张居正。

没想到，李幼滋回信说，虽然你是状元，但你说的这些纲常伦理，都只是些迂腐之言罢了，只会误国。张居正夺情，那才是治世之道，你们何时才能领悟呢？

据说，沈懋学看了回信后恼得不行，竟一气之下辞职了。临走前，他还上了个反夺情的奏折，也想加入"被廷杖"之列。但此时万历皇帝已经下令，反夺情的奏折一概禁止递交，所以这沈懋学就没能如愿，还煞是遗憾。

看来，张居正还有一些支持者，但是太少。

至此，通过外围渠道找张居正已然行不通了，所以这些人士就霸王硬上弓了。

在离廷杖行刑只有一天的时候，翰林院掌院学士王锡爵率几十位翰林院成员来到张居正的府邸求见。由于张居正本人也是翰林院出身，因此按理说他应该见一见这些同事。

但张居正偏偏不见，只是派游七出来对王锡爵他们说："老爷在灵堂为老太爷守孝，吩咐不见任何人。"

王锡爵一听就火了，心想我堂堂国家最高学府掌院学士，在这里屈尊求你的下人好半天，你张居正怎么还是不见呢？结果，王锡爵不肯罢休，竟趁游七不注意，一下子蹿了进去。游七急忙阻拦，但没拦住。接着，其他人见状也纷纷跟着涌了进去。游七无奈。

王锡爵还没进屋，便听到灵堂内传来一声冷笑，然后只听张居正说道："王大人当真豪放得很，灵堂静地，是你该闯的吗？"

王锡爵看到一身孝服的张居正，拱手道："锡爵冒失，请首辅大人见谅。然人命关天，想高堂泉下有知，谅也不会见怪。"

张居正冷冷说道："人命关天，家父不怪。难道我张居正尽忠为国，家父就会怪罪我吗？"

王锡爵闻言愣了，心想现在救人事大，也别纠结夺情的是与非了，因此说道："首辅大人尽忠为国，世人皆知。然因一己之私，若置人伦之情、师生之谊、君子之德于不顾，这恐怕也难逃天下悠悠众口啊！"

张居正闻言，说道："居正此刻一心守孝，至于夺情与否，全赖皇上定夺，天下事与我何干？"

话音一落，王锡爵就急了。心想再这么扯皮下去，几条人命可就没了。于是他索性直奔主题说道："天下事岂与首辅大人无关？如今吴中行等即将被施以廷杖，首辅大人不是最反对廷杖的吗？如今这些事皆因大人而起，大人怎能坐视不管？"

张居正闻言，叹了声"廷杖啊，廷杖"，然后抬起了头看着王锡爵道："圣怒不可测，居正亦无能为力！"说完就转身向内，吩咐游七送客了。

王锡爵见张居正如此绝情，顿时火大，未能控制住情绪，上前一步厉声说道："张居正，什么圣怒难测，圣怒不都是因为你吗！"

他这一急，直呼张居正的名字，也不用什么尊称了。

张居正顿时脸色铁青，停下脚步，转过身来，一边看着那王锡爵，一边重复着说道："因为我！因为我……"突然，他快速走至门边，从侍卫的腰间嗖地拔出一把刀，然后拿着刀来到了王锡爵身旁。

王锡爵大惊，在场的所有人也都吓了一大跳——张居正这是要干什么？

就在众人惊惶之时，只见张居正面对着王锡爵，竟扑通一声跪下了，然后将刀放在王锡爵手中，举着王锡爵手中的刀，架在了自己的脖子上。他眼含热泪，大声说道："都是因为我！你杀了我，杀了我吧！"

王锡爵和在场的所有人都惊呆了。他们无论如何也想不到当朝首辅会有如此举动。所以，王锡爵开始时还没反应过来，只是拿着刀傻站在

原地。等他意识到这是怎样的局面后，就立刻慌张地把刀扔在地上，转身跑了。

见领头的跑路了，跟着他来的小弟们也就作鸟兽散了。只剩下张居正还跪在地上，身前一把刀，脸上热泪流！

从此，他坚定了夺情的信念，绝不放下手中的权力，也绝不能让艰苦奋斗而来的改革成果付之东流。

为了实现这一伟大的政治理想，他不惜与整个官员阶层为敌。要以严峻的刑罚，扑灭所有反对改革的势力。第一批牺牲品就是那几个要挨廷杖的人。

吴中行等人最终没有逃脱廷杖的惩罚。

据有关史料记载，当时的场面十分悲惨。

赵用闲身材较胖，被打得皮开肉绽，鲜血直流。吴中行被打完后，因为要割掉大量腿部腐肉，导致腿上留下了一个大洞；而艾穆、邹元标等则被打得双腿俱废，落下终身残疾。幸亏有当时最好的名医来救，否则可能连命都要丢了。

然而，虽然被打得这么惨，但这几个人，竟没有一句怨言，反倒觉得获得了巨大的荣耀，还被视为是文人的道德楷模，以具备真正的气节而名扬天下。

但是，这种一根筋、不顾大局的做法真的好吗？

那位引发了反夺情政治风暴的张瀚，据说在回家之后，经常陷入忧郁。在临死前的弥留之际，他口中念念不忘的竟是张居正的名字！

是不是直到生命即将结束之际，他才幡然悔悟当初的反夺情是一个错误呢？

张居正奉旨夺情，留任首辅，继续推行改革，但工作作风却也从此发生了巨大的变化。

过去的张居正尽管强势，但不管是为人还是处世，都是讲策略、讲方法、沉稳谨慎的。但跪过后再站起来的张居正，心中除了国家层面的强大信念之外，他无须顾忌任何其他东西了。纵然身边所有人，甚至是整个时代都非议他，他也不在乎了。

从此，张居正不管在工作风格，还是生活作风上，都发生了转变——他开始无所顾忌，充分集权，进而紧握强权，打击异己，生活上开始日渐奢侈，工作上也开始不留情面。

在万历母子反复挽留下，张居正最终决定夺情留任。但他提出了一个请求，就是等万历帝来年春天结完婚后，自己就立即回乡葬父，并将母亲接到北京来住。万历母子答应了。

到了临走时，万历母子自然是万般不舍，嘱咐张先生在路上好好照顾自己，并且尽早回来。

或许，在张居正心中，有了皇帝和太后的依赖和信任就等于有了一切，其他任何事都可以不在乎了。皇帝嘱咐他在路上好好照顾自己，他就照办了——过去他在生活上还比较节俭，现在却不管那么多了，开始奢华铺张起来。

如何奢华呢？

首先，边关大将戚继光精选了军中最精锐的部队，亲自为张居正保驾护航。队伍走到河北真定，当地知府为了拍马屁，还特意为他制作了一座奢华的大轿子。

奢华到什么程度呢？可谓是绫罗绸缎、富丽堂皇。大到什么程度呢？大到要三十二个大汉才能抬起来。您想想这是什么阵势吧！

此外，张居正每行至一处，就有当地的官府指派当地最好的厨师，为他烹饪最好的饮食。

而在礼节和排场上，张居正也受到了最隆重的礼遇。不仅沿途所有官员都要提前出来跪拜迎接，而且就连各地藩王——朱元璋的子孙后代——也要热情款待，甚至让他位居上座。

除此之外，就在张居正回乡葬父仅仅五天之后，辽东地区就传来了战争的消息——好在不是什么坏消息，而是一场"长定堡大捷"。

怎么回事呢？

原来，辽东副总兵陶成喾，一直居总兵李成梁之下，就很不甘心。他想用一场胜仗展示一下自己的能力。

一天早晨，士兵报告说有几百鞑靼人朝关隘方向而来，陶成喾听了就很兴奋，心想我一展身手的机会终于来了，于是立即命令军队备战。

然而，等那几百鞑靼人走近，守关的明军发现这伙人慢慢悠悠的，不像来打仗的，反而像来投降的，就报告给陶成喾。陶副总兵立功心切，就对士兵说："这是诈降，你放他们进来，他们就杀过来了！"于是立即下令军队进攻。

其实，这伙鞑靼人确实是来投降的，因为他们的部落很小，经常受土蛮部欺负，无奈之下，就来投靠大明，但没想到，明军却是以这样的方式迎接他们。

此"役"，明军共杀"敌"四百余人，而自己无一伤亡。陶成喾十分高兴，觉得自己终于有了傲人的战绩，不比李成梁差了。于是迫不及待地将"捷报"传给北京。

万历皇帝得到消息，十分高兴。于是决定对有关人员进行奖励，然后派人快马将文件送给回乡途中的张先生，让他签字。张居正虽然回乡，但一路上并未停止办公，消息和文件就是靠快马传递于他和朝廷之间的。

张居正接到消息，起初也很高兴，但很快他就发现问题了——鞑靼人作战素来勇猛，陶成喾此战杀敌四百余，自己竟无一伤亡，这是很不合常理的，于是就下令调查。不久，调查结果出来了——陶成喾为了贪功，不仅杀降，而且谎报胜利！

接到消息之初，虽然看出事情蹊跷，但张居正还是在奖励书上签了字，因为他不想因为一个怀疑就扫了所有人的兴。此时，真相已经查明，但朝廷的封赏已经落实，那该怎么办呢？

按理说，张居正应该隐忍不发。原因有二：

第一，"长定堡大捷"已成朝廷定论，各级官员都已接受了万历皇帝的封赏。若要揭出真相，皇帝和各级官员都会特别不快。

第二，所有受封赏的人，除了陶成喾，其他如李成梁、梁梦龙等，都是张居正的亲信，是这次战役的直接上司。如果翻案，这些人都会受到牵连。

因此，远在家乡奔丧的张居正本是没必要揭明真相的，可是他偏偏

力挽狂澜：张居正

没有忍住。

虽然很多人都劝他将此事大事化小、小事化了，但此时的张居正已经不再谨小慎微，而是一心为了国家，其他的都不在乎了。于是，在完成了父亲的丧事后，一回北京，他就指派部下弹劾陶成誉谎报"长定堡大捷"，然后根据事实进行查处。最后，不仅陶成誉受到重罚，其他所有官员受到的封赏也被一律取消。

当时，很多人都说张居正太"操切"了，但他却说，赏罚分明，才能鼓舞人心。可见，为了国家利益，张居正此时已经不在乎什么"操切"的问题了。

张居正的这种变化，一定程度上是因为大明官场上的目光短浅、行为浮夸的顽疾。张居正必须用专权的威严才能遏制这种不良风气。

不得不说，张居正树立这种权威是必要的，尤其是对于改革事业。要知道，没有什么是十全十美的。当我们服务某个目的时候，牺牲一些东西是在所难免的。而张居正就是如此，此时的他必须牺牲那些人们都认为的好脾气或好性情。

这是一曲人性的悲歌，让后来人看起来非常悲壮。

第十章　忽闻家乡挽歌声

第十一章　亲密君臣成千古

最无奈的叛逆

此前说过，张居正与万历皇帝的关系是十分密切的，而且万历皇帝对张居正基本是言听计从的。

不过，随着万历皇帝成年，这将成为历史。近期发生的一系列变化，证明了万历皇帝和张居正已经有了矛盾。一个是将要执掌大权的大明皇帝，一个是当朝重臣，尽管后者远比前者耀眼，但前者却能不费吹灰之力就控制后者的命运。

夺情风暴之后，张居正的工作风格发生了巨变，不但对改革反对派痛下狠手，甚至对自己的学生、亲信、部旧也毫不留情。当时不少人都说他过于"操切"了。

然而，过去很在乎舆论的张居正，在经历了夺情风暴之后，特别是在当众下跪、横刀自刎之后，对于舆论的褒贬已不在乎了。对国家有利，对改革大计有利，这成了他最大的底线。

张居正不但对部下操切，甚至对他的主上万历母子也越来越操切了。

张居正对李太后的操切虽然影响两人之间的交情，却并不能动摇政治大局，但是对万历皇帝的操切却十分要命。作为臣子，张居正只能在万历皇帝的支持下发动改革。

那么，他们产生什么矛盾了呢？

我们先回忆一下过去。

万历皇帝幼时，由冯保看护。十岁登基后，冯保还是终日守护着他。万历帝要是犯什么小错误，冯保就会吓唬他说，"你再这样，我就告诉太后！"一听这话，万历皇帝就老实了。

但若是有些错实在瞒不住，李太后得知后，就会吓唬儿子道："你再这样，就告诉张先生！"

经过重重恐吓，万历帝就彻底老实了。但是，如何面对一个长大后的万历皇帝的逆反心理，是张居正要重新面对的困难问题。

万历皇帝在十一到十三岁时，他的逆反表现还不明显，可过了十六岁，这种表现一下子就明显起来。而这和张居正严厉的教育方式也是不无关系的。

一次，万历皇帝在朗诵论语的时候，竟然不顾体面地把"色勃如也"读成了"色背如也"。张居正立即严肃地加以纠正："应当读作'勃'字。"

这一刻，张居正没有注意到万历皇帝脸上的表情，那可真是有些"勃如"，简直就要勃然大怒了。可是，万历皇帝毕竟还是一个小孩，气魄还不够。他没有足够的胆量反驳张居正，于是不太服气地吞下了这口恶气。

年过十六、结了婚的万历帝，在思想和行事习惯上，已经不再和张居正那么合拍了。而面对这种变化，张居正的严厉态度却还是没变。

有一次，万历皇帝觉得钱不够花，就想向户部多要五十万两。户部答复说，今年的财政计划中并无这笔钱，因此国库拿不出来。

万历皇帝听了，就说别走财政计划了，以免耽误了其他方面的开销。于是转而命令工部，说你们可以铸钱，就铸五十万两给我，这样既不用改变原来的财政计划，也可使我有多余的钱可以用。

可见，万历皇帝完全不懂经济。可张居正得知后当时就生气了，让工部无视这道命令，而自己则去苦口婆心地去劝导万历皇帝。

而万历帝一见张老师，就毫不退让地问道："先生为何不许铸钱？我不用户部的钱，让工部铸钱也不可以吗？"

张居正费力地解释道："天下有一两银，必有相应的一两物。此为'物有所值'。如今货物不增加，而银钱的总数若是增加了，那不就'物无所值'了吗？"

万历帝却说，物无所值又何妨，只要有钱，物不就"有所值"吗？

张居正费了很大的劲，但万历皇帝就是不明白"通货膨胀"这个经济问题。他认为他既然身为皇帝，所以整个天下都应该是他的，怎么天下的钱不是他的呢？

尽管张居正难以反驳万历皇帝的话，但铸钱一事还是被他否定了。万历皇帝真正意识到了他这个皇帝并不能决定国家大事。

万历七年五月，张居正拟旨，将辽东总兵李成梁封为宁远伯，并准许世袭爵位。

李成梁作为边关大将，是边疆稳定的重要保证，又由于其战功无数，最近又打了胜仗，因此张居正给李成梁封爵，这一点谁也没意见。

万历皇帝也没意见，而且对此十分高兴。但第二天，他就让太监通知张居正，让他拟旨，将自己的岳父王伟封为永年伯。

张居正一听就皱起了眉头，心想为何封了李成梁就要封你的岳父？李成梁是因功封爵，你岳父又做了什么呢？因此他不同意，回复万历帝说李成梁封爵是实至名归，你岳父这时跟着封爵恐怕有失妥当。

谁知万历皇帝早有准备，让太监把查好的典章送来。张居正一看，上面写着正德二年武宗为岳父封爵，嘉靖二年世宗为岳父封爵，换句话说，为岳父封爵是祖宗成法，张老师凭什么阻挠呢？

张居正看了，一下服了：看来这个学生没白教，学会引经据典地跟老师争了。于是张居正只得拟旨将王伟封为永年伯，但未给"世袭"。万历皇帝上朝时见到张居正问原因何在，结果张居正也是有准备的。他笑着说道："为臣查了祖宗定制，嘉靖八年曾有旨说，此后外戚封爵，都不可世袭。"

万历帝虽然前朝往事没有张居正熟悉，但他也不示弱，说："正德、嘉靖两次外戚封爵均有世袭，先生可知？"

张居正闻言，又开始正色说教，于是从太祖皇帝说起，说了一连串

大道理，总的意思是太祖皇帝规定，非有军功，不得滥封爵位，后来的做法尽管多有出入，但那些其实都不符合我大明朝的封赏规则。

万历帝听他从太祖皇帝说起，滔滔不绝，不久就被说晕了。最后，他知道说理说不过张老师，所以索性祭出了撒手锏，说："凭什么李成梁可以世袭，皇帝的岳父却不可以？"

张居正一听就恼了，说李成梁何许人也？我大明朝的半壁江山都靠着他守卫呢。封爵原本就是为了奖励贤能，不封李成梁这样的功臣封谁？你岳父没为国家立下一点功劳，可也封了。不过是少了世袭而已，况且这也符合祖制，你为何如此较劲呢？

万历皇帝一听也恼了。但道理上他辩论不过，最后只好生气地问："难道皇帝的岳父还没有一个总兵重要吗？"

张居正听了，突然不说话了，而是死死盯着龙椅上的万历皇帝，威慑他。

万历皇帝见张老师不说话，自己也沉默了。他俩沉默，旁人也都不敢搭话。两人就这样对视了许久。

最终，张居正还是没给万历皇帝岳父世袭。万历皇帝拗不过，一时也没有办法。

从这几件事情中，可以看出，万历皇帝已经对张居正十分不满了。

烈士暮年

万历六年的时候，张居正回老家江陵葬父。但是，朝廷离了张居正就难以正常运作，早已习惯了张居正统领一切的李太后和万历皇帝变得十分焦躁。

万历皇帝一天之内发了三道诏书，催其赶紧回京，并询问安葬进展，询问何时结束，询问何时才能回京。总之，那意思很明确，就是希望张老师、张先生快点回来。

万历皇帝的急躁表现出了强烈的依赖感。湖北当地官员大惊，他们从中看到了机会，那就是千方百计地奉承张居正以牟利。

于是，当地官员集资迅速地在荆州城外建立起了一座"三诏亭"，以示纪念。这"三诏亭"赤裸裸地表达了张居正在万历朝的权势。

"三诏亭"完工后，当地官员兴致勃勃地邀请张居正出席落成典礼，场面十分隆重。但是，张居正则恼怒了。

他当时就给那些人泼了一盆冰水，说你们为我建这亭子，现在看起来似乎十分风光。但过不了几年，等时局一变，谁还会记得此亭是因三道诏书而建的呢？终将沦为五里铺上一个让人驻足歇脚、乘凉闲聊的普通亭子。

说完，张居正拂袖而去，只留下一群拍马屁的官员愣在原地面面相觑。

在《答湖广巡抚朱谨吾辞建亭书》中，张居正再次表达了这样的观点。

事实上，早在隆庆六年，湖广巡抚、巡按就提议为张居正建坊，以歌颂张居正。但是，张居正亲自写信说："敝郡连年水旱，民不聊生，乃又重之以工役……将使仆为荣乎？辱乎？"结果坊不建了。但是，这些人又把建坊的工料以打折的形式，实际就是变相贿赂，送给了张家。

接着，他们又打起了新主意，替张家修建和装修宅邸，施工由锦衣卫军士负责，十分重视。张居正知道后，又写了一封信。

张居正说："则官于楚者，必慕为之，是仆营私第以开贿门，其罪愈重。"意思是说他开了这个头，就会引起别人模仿，最后导致官员腐败。当然，上有政策、下有对策，结果还是修了。

"三诏亭"事件后，张居正开始真正意识到自己的危险。作为大明的臣子，权势竟然高于皇帝，那样的处境必然是不妙的。

毋庸置疑，张居正又一次使得万历皇帝感到威胁了，而张居正与李太后的关系也在恶化。

有一次，边防大将戚继光飞马奔回京师，深夜直冲到张府，带了一件棉衣给张居正看。原来，这是一件边关将士的过冬棉衣。戚继光撕开棉衣给张居正看，里头根本没有棉花，全是一些枯枝烂草。

张居正知道戚继光为何为棉衣如此激动，因为戚继光是个爱兵如子

的将领，从来都和士兵同甘共苦。所以当他看到士兵过冬的棉衣竟然是这种假货，肯定是又愤怒又激动的。

因此张居正也又激动又生气。但要是别人，即使生气，即使激动，也不敢明目张胆地查，因为负责军需后勤物资的正是李太后的父亲李伟。那可是太后的父亲，皇帝的外公，你张居正和戚继光再有本事，那也是给人家打工的啊！你总不能去查自己主子的外公和爹吧！所以说要是别人，这事就办不了。

但张居正偏偏能办，他不但彻查了李伟贪污的事实，还把难题留给了李太后，让李太后自行定夺。

李太后当时也羞愧不已，却又不能真的把亲爹绳之以法，最后只得把父亲叫到宫里来，当面训斥了一顿，然后大雪天里让他在室外罚站，罚站完还剥夺公职，勒令退休了。

李太后此人确实不简单——她并没有护着父亲，对张居正的苦心也十分理解。可事实上，李太后这么做，并非迫于张居正的压力，而是为了他儿子江山的稳固，再加上她是一个明事理的女人，因此表面上她在张居正面前屈服了。

然而，张居正去世后，万历帝对张老师清算，当时有人请李太后出面为张居正说情，李太后却没有答应，只留下一句："当初我爹站在大雪里，谁又为他说情来着？"

此时的张居正已经"五十而知天命"，作为一个大明的臣子，他知道，当自己的权力过大的时候，已经不知不觉中触犯了皇帝的威严。

最后的权威

万历八年（1580年）初，万历皇帝在张居正的安排下进行了"耕藉礼"与"谒陵礼"，标志着十八岁的万历帝正式成年了。

两大成年礼后的第十天，张居正正式递交了一份《归政乞休疏》。

其中有一段话是这样写的："臣受事以来，夙夜兢惧，恒恐付托不效，有累先帝之明。又不自意，特荷圣慈，眷礼隆崇，信任专笃，臣亦

遂忘其愚陋，毕智竭力，图报国恩，嫌怨有所弗避，劳瘁有所弗辞，盖九年于兹矣。"

张居正的意思是说，自己从改革开始，就谨慎小心，害怕不能辅助皇帝，有违先帝托孤之重托。又说自己受李太后的特别照顾，一心一意辅助皇帝，以报国恩。最后说，到了今天这个地步，自己已经受到一些人的非议，而且自己干了九年，也累了。

如今的张居正意识到了这一点，就想放手让万历皇帝来主政，自己则请辞。

但是，万历皇帝却坚决不同意。他又想起张老师的好处了，只要张老师在，他每天不用做什么就天下太平、大明中兴。假如张老师走了，那么多国家大事，谁去做呢？万历帝想想就发愁，因此他反复下旨挽留张居正，坚决不同意他退休。

而李太后也是这一观点，甚至对儿子说："让张先生辅佐到你三十岁的时候，你再亲政吧！"

可想而知，无论万历皇帝和李太后在私事上对张居正多么不满，但他们都很清楚，国家根本离不开张居正。

万历皇帝对于母亲的这一提议，没有表示任何异议。在万历母子态度如此坚决的情况下，张居正想要退休是很困难的。

再看张居正。张居正此时想要明哲保身。但是，在他心里，始终离不开大明天下，他的治国抱负还在强烈地引领他筚路蓝缕地开拓功业。

在此之前，政治上的"考成法"改革、加强国防以及清丈田亩的工作都基本完成，但是，张居正试验了多年的"一条鞭法"毕竟仍未彻底施行。

张居正如在此时退休，那他的万历新政必然会留有遗憾，张居正也不太甘心。

尽管他欲功成身退是为了给自己留条退路，但在国家与自己的抉择上，张居正素来是以国家为重的。他对于一条鞭法，对于经济改革的前景，是割舍不下的。

当然，张居正要功成身退，也是考虑再三的结果，并非一时头脑发

热。张居正既然下了退休的决心，那他就不会轻易改变主意。

但是，在三次上疏请求退休后，发生了一件事情，导致他突然又不想退休了。

万历八年，十八岁的万历皇帝在张居正的改革事业庇护下，生活过得极为悠闲。

一天夜里，万历皇帝偷偷地带着两个他最宠爱的太监去了西城玩。这两个太监绝非善类，极尽溜须拍马之能事。他们整天都在思考如何让万历皇帝开心，如何发掘更好玩的东西，如何把以前玩过的东西变出新花样。

这一次，这两个大胆的太监先是陪万历帝喝得酩酊大醉，然后三人又一起持剑夜游。

在两太监的怂恿下，万历皇帝喝醉之后开始耍酒疯，然后，他逮住了另外两个小太监。万历皇帝突发奇想，让他们唱歌。小太监唱不来，万历皇帝就挥剑割了两个小太监的头发，美其名曰"以发代首"，就算是将两个小太监砍头了。

万历皇帝玩得十分开心，却被大太监冯保知道了。

冯保得知此事后，立即告诉了李太后。李太后闻讯震怒，她没有想到自己悉心培养的儿子竟然如此放肆无礼。作为他的第一监护人，她本能地又想到了张居正，于是，她立即把张居正召进宫。

张居正得知此事后也非常生气，在这决定大明国运的节骨眼上，万历皇帝却耽于享乐，实在是荒唐。

一进宫，张居正就看到万历正跪在母亲面前，不停地流泪、认错、磕头，冯保则得意扬扬地站在一旁。

这件"小小"的事情成为万历皇帝日后的心病。

李太后见张先生赶到，就拿出一本书，掷于万历皇帝面前，让他翻到某一页大声读。

张居正一看是《汉书》就惊出了一身冷汗。只见恐惧的万历皇帝翻到《汉书·霍光传》，哭着读到汉朝昌邑王因堕落腐化，被执政大臣霍光在与太后商议后废除了皇位。

张居正已经明白了，李太后是下了狠心。她是要仿照汉代先例，请张居正来做霍光，废万历皇帝的皇位。

万历皇帝读了几句就再也读不下去了，只能不停地哭泣。

这时，张居正明白大事不妙，连忙跪下为万历皇帝向李太后求情。张居正说：皇帝错就是再大，也不至于要废啊！在张居正不断求情下，李太后才原谅了万历皇帝。

李太后的所作所为，其实本质是演一场戏，目的就是恐吓万历皇帝。而这场戏，却让张居正十分担忧。

当万历皇帝看到，张居正和自己的母亲站在一边共同对自己施压，他真正意识到了自己的脆弱。这种心理必然令他对张居正产生怨恨。

从此，万历皇帝是不敢胡闹了，但却变得越发消极了，把张居正教给他的治国之道和"为人君主"的原则都抛之脑后。

他开始把注意力放在女人身上，宠爱上一个十四岁女孩郑氏，这个女孩就是后来有名的郑贵妃。从此，在万历帝的心中，郑氏就逐渐变得比母亲和张老师都重要了。

对于张居正而言，他虽然为万历皇帝求情，但他和李太后一样，都十分关心万历皇帝的前途命运。张居正明白自己的改革大业终归要交给万历皇帝。他因此产生了强烈的危机感。

张居正开始自我反思，并代万历帝拟了一篇《罪己诏》，这是古代帝王在朝廷出现问题、国家遭受天灾、政权处于危机时，自省或检讨自己过失、过错的一种口谕或文书。

在这篇以万历皇帝的名义发布的检讨书中，张居正也对自己对万历帝的教育作了深刻反省。

但是，张居正的反思却没有什么用。张居正认为是自己的不严格才导致万历皇帝的胡作非为。所以，他更无法放心辞职归去。他痛定思痛，决定不退休，尽自己最后的努力，进一步严格教育万历皇帝。

不过，张居正在这一点上却是完全错了，他并不懂万历皇帝。当他越要留下来管教万历皇帝，万历皇帝就越要与他决裂；当他越想把万历皇帝扶上马还要送最后一程，万历皇帝就越要挣脱束缚，甚至跳下他的马，走自己的路！

皇帝是这世界上最难以与之交往的一类人。所以，韩非子写了一篇《说难》流传至今。《说难》相关内容是认为臣子要想准确地和皇帝对话，既需要注意所言有理，又要注意尊卑有序，非常困难，稍有不慎，便可能出乱子。

而张居正作为万历朝百官中的唯一核心，站在了风口浪尖上，要面对的是已经成人的万历皇帝。如何与之相处，难上加难。

第十一章 亲密君臣成千古

第十二章　一代名相凭谁说

名相一逝不复还

张居正到底还是没能做到明哲保身、功成身退，那么，他的命运只能走向反面，也就是死亡。

万历九年，张居正已经五十七岁了。这一年的夏天尤其闷热，张居正的身体变得十分脆弱。事实上，张居正经过这近十年的呕心沥血，严重地损耗了自己的身体，导致疾病缠身。所以，这一年的过高气温终于使他病倒了。

张居正得的是什么病？这在历史上众说纷纭，但正史以及张居正自己的文集里对此的记载是一致的——张居正得的是痔疮。

众所周知，痔疮是一种极为常见的病。但对于张居正而言，这是一场灾难。原因就在于张居正一直不够重视。

张居正早在万历八年就生病了，他在当年的辞职报告中就提到过，但是，一直到万历九年病倒之后才真正注意。

到了万历九年，张居正在《给假治疾疏》中对万历帝说："我自去年秋天患病，病状为热毒之症，当时承蒙皇上和太后关心，让我调理了一段时间，虽然好多了，但没好彻底，所以到现在还未痊愈。"

一直到了万历十年三月，张居正在给老师徐阶的信中说："贱恙实痔也，一向不以痔治之，蹉跎至今。近得贵府医官赵裕治之，果拔其根。但衰老之人，痔根虽去，元气大损，脾胃虚弱，不能饮食，几于不

起。日来渐次平复，今秋定为乞骸计也。"

张居正是说自己得病很久了，但一直被误诊。现在有老师请的名医给我治病，效果非常好。但是，自己的身体毕竟已经元气大伤了，情况还是不容乐观。趁此机会，自己真是要向皇上请求退休了。

所以，张居正的这个病从万历八年就有了，一直到了万历十年才得到了有效的医治。张居正这几年的工作都是在患病中进行的。由于长期误诊，以及手术后脾胃受损，难以进食，所以张居正的身体状况迅速恶化。

而在张居正患病期间，万历皇帝还是毫不作为。"不再叛逆"的万历皇帝变得更加颓废、远离政治。对此，张居正浑然不觉，他只是以为还需对万历进一步加强教育。

于是张居正就像从前一样，把朝中大事、小事全都包揽起来。然而，岁月不饶人，随着时间的推移，他变得越来越有心无力了。因为他病了，而且病得很严重，以至于最终被疾病夺去了生命。

张居正此时所面临的国家局面是情况良好的，也是使人劳累的。万历八年，张居正完成了清丈田亩工作；万历九年，开始全面推行一条鞭法；同年，还大规模裁减了政府公职人员，这些都是极为艰巨的任务。

除此之外，还有其他的事务。

万历九年，俺答准备修筑城墙，派人向朝廷请求提供人力和物力的帮助。消息传到朝廷，大臣们议论纷纷，意见很难统一。最后，这些人只能向生病中的张居正请示。

张居正分析说，俺答等鞑靼部落之所以能够在军事上屡屡对大明构成威胁，其根本原因在于他们能够四处迁徙，这锻炼了他们极强的远距离作战能力，攻守不拘泥一地。现在俺答准备筑墙，我们完全可以答应他的要求。俺答所做的实为下策，是自废武功，我们何不顺水推舟呢？

张居正眼光独到，一语中的。众大臣听后，纷纷赞美首辅的英明。

经过商议，张居正最后这样决定："夫、车决不可从，或量助以物

第十二章　一代名相凭谁说

料，以稍慰其意可也。"也就是说，朝廷只给予物力上的帮助，人力上的帮助就免了！

俺答也不再讨价还价，他觉得得了一个大便宜。而在张居正看来，这对于大明朝边疆安全无疑是一个极大利好。

万历十年，俺答去世。这个消息又让张居正紧张了起来。俺答的死是小事，北边的国防才是大事！俺答死后，鞑靼的领导权应该如何归属？最让人担心的是，会不会因为俺答的死，使鞑靼投向土蛮的领导，进而和朝廷作战？

张居正开始猜测，他认为稍好一点儿的情况是，俺答死后鞑靼有可能分裂，分裂后的鞑靼势力就更小了，就完全没有了跟朝廷作对的力量。

然而，他们的分裂也许对朝廷并不有利，因为土蛮也会乘机扩展势力，这就对朝廷有害了。

张居正苦苦思索。他想到了一个关键人物，那就是俺答的妻子三娘子。这个人物曾经使得俺答的孙子把汉那吉投奔大明。在这件事情后，热爱中原文化的三娘子成为明朝和鞑靼友好邦交的联络人。

张居正设想通过她的帮助，解决鞑靼的问题。

但首先是确定谁将继承俺答的位置？张居正耍了一个计谋，他先命令北部边防的各个督抚分别对各个候选者给予支持。

不久，黄台吉成为佼佼者。张居正便立即向黄台吉表示支持其上台，同时要求黄台吉归顺朝廷，并告诉他只有服从朝廷，才能得到俺答此前拥有的"顺义王"的尊号。经过考虑，黄台吉最后答应了这个条件。

黄台吉袭封以后，三娘子便带着自己的部众走了。气急败坏的黄台吉认为三娘子及其部众都是父亲俺答的遗产，只有自己才有继承权，于是就带着部队追三娘子。

张居正的计划是要求三娘子再嫁黄台吉。于是，宣大总督连忙派人和三娘子说："夫人能和'顺义王'同居，朝廷的恩赐当然络绎不绝，不然的话，你也只是塞上的一个鞑靼妇人，那就没有什么恩赏了。"

三娘子"识时务"，于是停止逃走，重新回到了"顺义王"黄台吉的怀抱。张居正又解决了边疆的问题。

在边疆事务上，张居正一直很顺利，但是，他并没有掉以轻心。

万历九年三月，辽阳副总兵曹簠在长安堡打了一个败仗，阵亡了三百多人。兵败的奏章到朝廷以后，曹簠被关进了监狱，四月将吴兑由兵部左侍郎改任蓟辽总督。这次的兵败让张居正寝食难安，他在吴兑赴任后，写信给他说：

"前辽阳事，损吾士马甚众，今亟宜措画以备秋防，若曹簠之轻躁寡谋，免死为幸，亦宜重惩，勿事姑息也。"

张居正对继任者着重强调边防的重要性，就可以看他的担忧。

除了边防事务，内政方面也让张居正殚精竭虑。

万历八年的十二月，礼部尚书潘晟结束任期辞官了，因此需要人来接任。经过考虑，张居正最终让刑部侍郎徐学谟继任了这个位置。

按照明朝官员选任制度的惯例，要当上礼部尚书，必须是翰林出身，可是徐学谟却偏偏不是。

于是，就有不少人不满，张居正靠着自己的威望硬生生地平息了不满的声音。

万历十年的二月，张居正上疏请求"蠲除宿逋"。意思是请求免去"带征钱粮"。按照当时的财税制度，如果一个纳税人还有以前没有交足的钱粮税，就连同今年的钱粮税一起征收。

在张居正和一些地方官员看来，此时的国家赋税大大好转，已经是休养生息的时候了。可是，带征钱粮制度却大大阻碍了百姓们的休养生息。

张居正在万历十年二月上《蠲除积逋疏》，指出带征钱粮制度危害甚多，必欲废止而后快！

他还想出新的对策。那就是一年就交该年的钱粮税，不再追缴过往年份的。这样就减轻了百姓的负担。此事最终得到了通过。

还是在万历十年的二月，浙江巡抚吴善言奉皇帝的诏书裁减了浙江东、西二营士兵的月饷。士兵们不服气，于是就抗议反对。由于没有及

第十二章 一代名相凭谁说

时控制局面，两个士兵，一个叫马文英，一个叫刘廷用，借机聚集了很多士兵，闯进巡抚大院，捉住吴善言痛打了一顿。

由于士兵的行为，使得当地的一些无业游民也趁机哄抢市民，以至于形成了"民变"的局面，形势非常紧急。

张居正听到消息后，立即把内调为兵部右侍郎的张佳胤，改调为浙江巡抚，并派其立即赴任，平定动乱。

他告诉张佳胤：对于叛乱，一定要下狠手。这是张居正对内部问题的一贯态度。

张佳胤心领神会。在快马加鞭前往浙江的路上他也没闲着，向逃难的人打听浙江的情况，得知了"变兵"和"变民"还没有联合起来。听到这个消息后，张佳胤又命令加快速度前进。

当张佳胤到了杭州后，发现"乱民"在城中放火抢劫，就对将军徐景星和东、西二营造反的士兵说："你们不要害怕，虽然有前面的罪过，要想赎罪的话，就得先把'乱民'平下来。"

这些士兵们在痛打吴巡抚后，本来就怕得要死。这下好了，他们立即拿上武器，上街对付那些"变民"。

没过多久，这些"兵变"的士兵捉住了一百五十个造反的无业游民。

张佳胤下令将这些人杀去三分之一，同时召马文英和刘廷用来"领赏"。当两人和其他七个造反头目到了张佳胤处时，徐景星埋伏了人手，把他们捉住就地处决。

就这样，浙江的"民变""兵变"得到了镇压。

张居正事无巨细地处理朝政，他的身体也一直在恶化，在万历九年九月的时候，突然变得很重。张居正只好上疏请假休养。万历皇帝见到奏疏以后，派了太监孙斌前往探病，给张居正带去了很多慰问品。

但万历皇帝还是担心张居正会因病耽误政事，于是又下圣旨叮嘱："宜慎加调摄，不妨兼理阁务，痊可即出，副朕眷怀。"意思就是要张居正在家里办理公务。

到了万历十年二月，张居正再次病重。三月以后，张居正就只能完全待在家里了。

到了四月，看着天气渐渐回暖，张居正又开始打起精神办公了。这时的内阁中其实还有张四维、申时行，但是对于较为重要的公事，二人仍然不敢擅自做决定，一切还是依赖张居正。

到了六月，张居正再次上疏请求退休，结果如同以前一样，万历皇帝再次下旨慰留："朕久不见卿，朝夕殊念，方计日待出，如何遽有此奏！朕览之，惕然不宁，仍准给假调理。卿宜安心静摄，痊可即出辅理，用慰朕怀。"

万历皇帝的意思自然是希望张居正安心调养，不要想什么辞官的事情。

在这最后的时间里，万历帝为了表达对重病的张老师的深情，不但令京师的全体官员为张首辅斋醮祈祷，还在张居正去世前九天，最后一次对其进行封赏，赐太师封号——这在整个明朝是绝无仅有的，张居正成了明朝二百七十六年历史中唯一在世时就得到"太师"官衔的人！

到了六月十八日，张居正已经病得昏昏沉沉了，皇帝派了司礼太监带来手谕慰问张居正："闻先生糜饮不进，朕心忧虑，国家大事，当为朕一一言之。"

可以看到，此时，万历皇帝已经在考虑后事了。

在重病之中，张居正艰难地推荐了大量的人才：推荐前礼部尚书潘晟、吏部左侍郎余有丁进内阁；推荐户部尚书张学颜、兵部尚书梁梦龙、礼部尚书徐学谟、工部尚书曾省吾等。

对于张居正推荐的人才，万历皇帝都予以了重用。这之后，张居正进入完全昏迷的状态，没有再说过话！

六月二十日，张居正最终丢下了他热爱的权力，死在了京城府邸里。这位亲手缔造了万历新政的伟大政治家，终于在病榻之上永远地离开了人世！

张居正留给后人的，除了那些改革成就以外，还有七十多岁的母亲、三十多年的伴侣和六个儿子、六个孙子。

从张居正最后的日子看，他不再明哲保身，而是勇敢地承担起责

任，真正地践行了"鞠躬尽瘁死而后已"的为政之道。在他最后的日子里，还是充分地展现了他作为一代名相的风采。还不到六十岁的张居正，留下长期腐朽积弱的大明王朝一去不复返。

皇帝抄家为哪般

就在三年前的一次课上，万历皇帝对张居正说："先生功大，朕无可为酬，只是看顾先生的子孙便了！"

皇帝的意思就是说：张老师您对我、对国家的功劳已然无法估量，我实在想不出怎样才能报答您，您在世时看来我是报答不了了，我能做的，只能是好好照顾您的子孙后代了！

万历皇帝在张居正去世前就封他为太师，这和想在张居正去世后照顾其子孙一样，都是想表达自己对张老师的无限尊敬与感激。

当张居正去世的消息传到万历皇帝处，他十分伤心，并下令整个朝廷停朝一天。

随后，皇帝又下诏罢朝数日，两宫皇太后、万历皇帝和潞王各赐银一千两，并派司礼太监张诚专门监护丧事。朝中还专门成立了治丧部门。

对于张居正，皇帝赐予了最高的待遇，张居正被赠予"上柱国"爵位，赐谥号"文忠"。张居正的一个儿子还被升为尚宝司司丞。

当张居正灵枢从北京出发到江陵时，万历皇帝派了太仆少卿于鲸和锦衣卫指挥佥事曹应奎一路护送。

丧事场面比之前更为壮观。负责护送张居正棺木的官员坐满了七十多艘船，雇用的船夫有三千多人，仪仗队长达十多里，张居正的棺木和遗体就在这种阵势中被送到他的老家。

但是，这并非张居正的最终结局。一段悲哀的故事是这样开始的。

话说张居正去世前，他向万历皇帝推荐潘晟进入内阁，潘晟因卸任礼部尚书已经退休。张居正认同他的能力，向皇帝推荐了他。

可是，就在张居正死后不久，弹劾潘晟的奏疏便接二连三地来

了，以至于正从家乡出发来京赴任的潘晟听闻后，在路上就上疏辞去了官职。看着情势无法控制了，新任首辅张四维只得拟旨准许了他的辞呈。

真是树倒猢狲散，墙倒众人推。尽管张居正力挽狂澜把万历朝的政治环境从黑暗推向光明，但是，张居正死后，黑暗势力以及人们黑暗的一面便又活跃了起来，顿时沉渣泛起，来势汹汹。

万历十年十二月，经过御史李植的弹劾以及司礼太监张诚、张鲸的攻击，张居正之前的政治盟友冯保也面临了危机。

冯保在张居正主政期间一直作为张居正的盟友与他一道尽心辅佐万历皇帝。在万历皇帝心里，冯保除了是一个不错的伙伴外，还是一个爱打小报告的人。冯保经常配合李太后和张居正教训万历皇帝。所以，万历皇帝对冯保是有怨言的。

新任首辅张四维因为与冯保的矛盾也加入这次对冯保的报复中。除了授意御史李植弹劾冯保外，张四维还授意御史江东之对冯保进行弹劾。

御史李植的奏疏列举了冯保的十二条罪状，这些罪状中每一条都可以让冯保永无翻身之日。

当万历皇帝阅读了李植的奏疏之后，很快给予了批复："冯保欺君蠹国，罪恶深重，本当显戮，念系皇考付托，效劳日久，故从宽着降奉御，发南京新房闲住。"

万历皇帝的意思是，他认同了冯保的这些罪行，但因为怜恤他多年的辛苦工作，就打发到南京退休。

圣旨公布之后，很多官员认为这样的处罚未免太轻了。于是，这些人选出了御史王国上疏。王国又列举了冯保的十条罪状。众大臣的弹劾一心要处死冯保，但万历皇帝没有这样决绝。

万历皇帝把冯保打发到南京后，盯上了冯保的家产。据大臣上疏说，冯保中饱私囊，富可敌国。于是，两天后，万历皇帝下令将冯保的全部家产纳入国库。

在查抄冯保家产之后，户部上报查抄的结果是：共查抄冯保全部家产一万九千两。这个数字与之前所说的数字相差甚多。

万历皇帝很快想到肯定是负责查抄的官员中饱私囊了。他十分震怒，并将查证此事的任务交给了新任东厂督主太监张鲸。

张鲸在查证确实有此事之后，责令所有参与监守自盗的官员将贪污的金银财宝、书画、珍宝、高级丝绸等全部交予朝廷，甚至还将这些官员府中原有的家产也全部搜刮一空，充入国库。

万历皇帝看到这种情况后，真是喜笑颜开。从这一点中，可以看到万历皇帝多年来被压抑的欲望开始得到了满足。

而冯保在搬去南京之后，没几年便因病而亡。

综合来看，万历皇帝一手主导了迫使冯保下台、最后抢走冯保财产的剧目。

事实上，万历朝中，除了张居正、海瑞等少数官员没有敛财的习惯之外，多数官员的财产都有问题。所以，万历皇帝并不是特别针对冯保敛财的行为，更多是发泄对此人的不满。

弹劾冯保的人中，除了几个与冯保有过节的人，其他人与冯保并没有矛盾。

但是，他们为什么要弹劾冯保呢？

原因当然就是万历皇帝，在官场上，奴才最擅长揣摩圣意，一旦确实马上就会有人投其所好。

而在冯保倒台不久后，有人也看出万历皇帝对张居正的不满，尸骨未寒的张居正只能被迫遭难。

首先是御史杨四向朝廷上疏，提出了张居正的十四条罪状，但拿不出证据。而万历皇帝一时也不敢如此明目张胆地报复张居正。

但是很快，张居正弄权、贪污的"证据"就浮出了水面，那就是张居正与辽王朱宪㸅的旧案。

万历帝最后之所以下定决心清算张居正，和辽王府的旧案有很大关系。

原来是朱宪㸅的遗孀王氏突然出现，告了张居正的御状。她说，张居正因为辽王误杀了张居正的祖父，就一直蓄意谋害、报复辽王。因此后来所说辽王生活腐化、蓄意谋反，全是张居正凭空捏造的。辽王被终

生禁闭最终凄惨死去，完全是张居正陷害所致。

更重要的，她还指控称张居正在辽王朱宪㸅死后，将原辽王府占为己有。这样，辽王府原有的无数珍宝，都被张居正私吞了。

朱宪㸅的遗孀王氏为什么会在此时出现呢？当然是有人主使。

万历十一年三月，万历皇帝就下诏夺去了张居正"上柱国""太师"的官爵，接着又下诏夺去了"文忠"的谥号，抄家。

万历皇帝尤其对后者感兴趣，他认为又可以像抄冯保家那样获得一大批财物。

按照明朝的法律，有三种罪名可以判处抄家：谋反、叛逆以及奸党。但现在张居正并没有这些罪名，万历就要抄他的家，可见万历实在是鬼迷心窍了。

万历皇帝不仅抄了张居正在北京的家，还要去湖北江陵抄张居正的老家。被万历帝派去抄张居正老家的官员，一个是大臣丘橓，一个是太监张诚。

丘橓此人较为极端。张居正在世时，一直都不喜欢他，不肯用他，他便怀恨在心。现在皇上要清算张居正，丘橓终于等到了报仇的机会。据说他临走前对万历帝表示，绝对不辱使命，必定把张家的大量财产全部带给皇上。

而太监张诚，是冯保的死敌，所以自然跟张居正也是死敌，所以万历皇帝派这两人去抄家，那就是故意的。

一路上有很多正直的官员致信丘橓，劝他手下留情，但丘橓根本不听。

劝阻者中，要数晚明大学者、左谕德于慎行最为典型。他曾经在"夺情"风暴中反对过张居正，也因此受过张居正的打击，但此时他致信丘橓，说了句公道话："当初张居正在位时，大家都赞美他，那是拍马屁；如今张居正失势了，大家又都批判他，说他贪污、弄权，这也不是实事求是。你丘侍郎应该清楚这一点，应该劝皇上冷静点，怎么能如此落井下石呢？"

于慎行所言一点不假。从他的话里，我们也可以看出，所谓张居正私吞辽王府财产的说法，当时有很多人都清楚那就是诬陷。

然而，丘橓与张诚并不听劝——这可是向皇帝邀功的大好时机啊。因此他们迅速前往湖北。但要知道，在那个时代，即使再快，从北京到湖北也要十几天。等到达位于湖北江陵的张家，丘橓和张诚都傻眼了，张家的人居然已经饿死十几口了！

这是什么世道？皇帝刚要清算张居正，湖北这边的官员就闻风而动。原来整日对张家溜须拍马的他们，在听闻消息后，第一时间就到张家来封门，说是一个人也不许走，一分钱也不能拿，以此显示对皇帝的忠心。

于是，张家老老小小几十口人，就被封锁在屋内，没吃没喝，到丘橓和张诚赶到时，已经饿死了十几个了。

但丘橓和张诚可不管这些，按计划继续查抄张家的财产。但抄了半天，只抄出十万两白银。

他们愣住了，但并不甘心。张诚想出了办法：将张居正的几个儿子抓起来严刑拷打，逼他们招认还有二百万两白银藏在别处。但直到最后，他们把张居正的几个亲戚家全都抄了，也只多抄出几万两而已。

在严刑拷打中，张居正长子张敬修悬梁自尽，临死前写了一封血书，将自家的悲剧留给了世人。三子张懋修，这位万历八年的状元，也投井自尽，幸亏被好心人救了出来。

不久，张家的惨剧传至朝廷，震惊了所有人。已经死掉的张居正恐怕怎么也不会想到家人及自己身后得到的会是这样不堪的结果。

张家至此是彻底家破人亡，张家的亲友，也是非死即抄家或流放。在正直的官员苦苦哀求之下，心狠手辣的万历皇帝这才发了一回善心，下诏留出空宅一间、田十顷，用来赡养张居正的母亲。

万历皇帝做到这个份上，已经什么都不顾了。他亲手推翻了他的张老师推行的一切改革举措。

曾经为了减少驿道沿线老百姓负担实行的驿递改革，在已经取得很好成效的时候被取消了，官员们现在又可以任意乘驿了。

曾经为了监督行政绩效而制定的考成法，现在失去效力，并很快被取消。

考成法被废止后，十年新政中那些被考成法淘汰的劣官都恢复职位，而张居正提拔的那些能兵强将则被弃置，甚至被陷害。

张居正破格提拔的治水天才潘季驯由于替张居正说话而被勒令离职；张居正重用的兵部尚书方逢时被诬陷下狱；就连守卫大明半壁江山的名将戚继光，也因为和张居正关系紧密，被从北部前线调到了广东，戚继光因为无用武之地而愤然辞职，最后在孤独中郁郁而终。

不仅如此，"一条鞭法"不久也被废止，甚至连"清丈田亩"已经取得的成果也都被推翻，拒绝承认了。这下，那些在万历新政中被压制的大地主，又可以继续兼并土地、偷税漏税了。

…………

张居正去世后四年，时任辽东巡抚周咏观察到一个女真首领正在辽东之外的建州地区招兵买马，周咏就上疏朝廷，主张派大军予以消灭，以防后患。这位原本可以被消灭在萌芽之中的女真首领，就是清太祖努尔哈赤。

然而，在没有考成法督促的环境下，相关部门的官员谁都没有认真执行这件事。边关将领擅自把攻打改为招安，又把招安改为安抚。而京城的高官受贿之后也睁一只眼闭一只眼，大事化小，小事化了。

最终，由于明朝官员的不作为，这位建州女真首领开疆拓土，从容做大，最后竟一举推翻了大明王朝，建立了清朝。

总而言之，万历皇帝埋葬了张居正的一切，也埋葬了大明的千秋万代。

关于万历皇帝为什么会这样轻易翻脸，有人还给出了这样的推测。

人们观察到万历皇帝的爷爷嘉靖皇帝是偏执、固执以及怠政、弄权的皇帝，而万历皇帝显然继承了这样的特质。

人们观察到万历皇帝的外祖父，即李太后的父亲李伟，专门挑了个后勤部长的官做，然后大肆贪污，甚至把戚继光的军需物资都贪污了。投机、贪财是李伟的两大显著特征，而万历皇帝也继承了这种特质。

张居正在世时，这些都被压制了。张居正去世后，万历皇帝潜在

的"恶本性"被彻底释放了。而在释放的过程中，曾经长期压制他的张居正，自然首当其冲，成为万历帝"抛弃旧我，重塑自我"的第一个靶子。

万历皇帝成就了自己，却也被钉在了历史的耻辱柱上。

英雄精神传千秋

张居正死掉了，是为大明朝、万历皇帝而死的。张家被迫害了，是被大明朝、万历皇帝迫害的。

当万历皇帝真正执掌权力的时候，似乎张居正的一切都将被抹掉，而大明朝似乎会从它的历史中遗忘张居正的存在。

张居正去世之前，声望和权势登峰造极。甚至在他在世时，就有人为他建立祠堂，名曰"生祠"。张居正对于这些的态度，就像当初面对荆州官员为他建"三诏亭"一样，是极为冷静和清醒的：说我离世之后，谁还会记得我生前的荣耀呢？

所以说，这些东西其实都是假模假式的。

真正证明张居正的存在和伟大并不依赖这些。

万历皇帝在世时，就有很多人替张居正辩护。除了像潘季驯这样张居正破格提拔的人才，就连张居正在世时反对他的人也为他叫屈鸣冤。

思想家李贽，曾在张居正诏毁天下书院时倍受打击，他也是张居正在世时少数敢于批评张居正的人。

可张居正去世后，当他看到朝廷对张居正的诬陷以及对张家后人的迫害，他不但批评那些不为张居正辩护的官员，还将张居正与世人爱戴的清官海瑞作对比，说海瑞只是清白，却不能"任栋梁"，但张居正尽管掌权时"胆大如天"，却可以说是史上少数的杰出宰相之一。

李贽的评论无疑是中肯的。但世人大多没有如此洞若观火的认识，因此在万历时代，尽管有李贽们为张居正辩护，但毕竟人微言轻，所以不被重视。这样，到了万历后期，张居正似乎真的渐渐被人遗忘了。

这些人的支持和评价是证明张居正存在和伟大的证据。

除此之外，历史把它最珍贵的东西留给了后世。

在他去世约六十年后，即崇祯皇帝年间，也就是明朝的末代，在大明全国的各个阶层，张居正再次成为热门话题人物。

"家贫思贤妻，国难思良相！"

无论是崇祯皇帝，还是朝堂群臣，在强敌来袭的国家危难前，都意识到大明王朝到了最危险的时刻。在这关乎国家存亡的关键时刻，上苍能否再降生一个张居正来为大明力挽狂澜呢？

首先跳出来如此呼喊的人，大概在天有灵的张居正也想不到竟会是他——就是那个在"夺情"风暴中号称"反夺情五君子"之一，而且把张居正和万历新政骂得最凶的邹元标。

在反夺情风波中，邹元标在廷杖中被打断了双腿，成了残疾人，此后又被流放至偏远地区，落下一身病。

后来，在国家存亡的危急时刻，邹元标开始反思过往，最终判定只有张居正的改革才是真正的救国良药。于是他上书崇祯帝，主张为张居正平反昭雪，结果得到了朝廷上下的一致赞同。

崇祯三年时，张居正生前的名誉得到了完全恢复。

张居正当年孤身一人誓要将改革进行到底时曾说："知我罪我，在所不计！"意思是只要我认为这是对的，是有价值的，那么不管别人怎么说，我都会坚定地做下去。

为了实现理想，张居正即便背上千古骂名，也在所不惜。

张居正的三儿子张懋修在被抄家时自杀未遂，后来忍辱偷生，为父亲编写文集，要把父亲的这种伟大精神宣扬下去。

他在穷尽余生编定《张太岳集》之后说："留此一段精诚在天壤间，古人所谓知我罪我，先公意在是乎。"

明朝末代皇帝崇祯帝，在其执政的十七年中，号召众臣效仿张居正，励精图治，为国操心，但遗憾的是，此时的大明徒有救国之君，却再没有张居正这样的救国之臣了。

对此，崇祯帝也只能独坐无奈。他于崇祯十三年下旨让张居正的已故长子张敬修世袭父亲生前的所有荣誉，并起用张敬修的长孙、即张居

正的长重孙张同敞，希望他能够继承祖先的光荣传统，救大明于危难。

张同敞一介书生，从此便投入到上阵杀敌的第一线去了。

崇祯十七年时，北有清兵虎视眈眈，南有李自成直逼京师，崇祯帝无兵可用，就希望张同敞可以借张居正的影响力南下调兵。

张同敞日夜兼程，可惜他还未招来几个兵，崇祯帝就已经殉国于煤山了。此后清兵入关，绵延近三个世纪的大明朝就这么亡了。张同敞的亲友同学都劝他远走避难，以保张家血脉，因为他到此时还没有孩子。但张同敞却说："先祖为国，常思死而后已，我怎能做个不肖子孙呢？"

意思就是说，我的曾祖张居正可以为了国家，不计个人的生死荣辱，我当然也要像他老人家一样，在国家危难之际挺身而出，怎么能只顾自己呢？我若如此，死后还有何脸面去见我的曾祖父呢？

此时，他明知明朝已然大势已去，但他一定不能坐以待毙，而是要像祖先张居正那样为国家做点什么，无论成败！

他先是积极帮助南明政权筹划抗清大业，弘光政权灭亡后，他又赶赴云南保护永历帝，誓死抗清。永历帝封张同敞为总督，让他协调各路兵马。可实际兵权却掌握在各路将领手中，大家人心涣散，不听调遣。

张同敞只有寄希望于以一腔热血感动众人。因此作战时，他虽是一介书生，却总是冲在最先；士气动摇时，他则安然不动。多少次，他以个人的气概稳定了军心，渐渐地，他终于赢得了广大官兵的信任与爱戴。

可惜，明朝气数已尽，张同敞再强也是孤掌难鸣。在坚持抗战八年之后，也就是清顺治八年，南明永历五年，清军攻入广西，永历帝逃往梧州，桂林的明军溃散，只剩下一座空城。抗清名将瞿式耜留守桂林，坚决不肯走。张同敞得知后，独自一人来到桂林，来见瞿式耜。

见面后，瞿式耜对张同敞说："我为留守，死在桂林是理所应当。你是总督，没有守土的责任，还是离开吧！"

张同敞握着瞿式耜的手，说道："古人耻独为君子，先生为何不让同敞与你共生死呢？"

听了这话，瞿式耜热泪盈眶，说道："别山（张同敞的号），你不愧出自忠孝之家（指作为张居正的后代）！"

说罢，瞿式耜端出酒来，外面风雨大作，二人则正襟危坐，秉烛达旦。

天将亮时，清军攻入桂林城。叛明降清的定南王孔有德直冲入帅府，见瞿式耜被擒，十分高兴。他不认识张同敞，就问此人是谁。谁知张同敞开口一通长篇大论，把孔有德卖祖求荣骂得狗血喷头。

孔有德恼羞成怒，当即命人打断了张同敞的双臂，并挖掉了他的一只眼睛。可张同敞依然怒骂不止。当孔有德得知这位就是张居正那位有名的曾孙后，也吓得收手了。他将瞿、张二人下在大牢，想劝他们投降，因为这两个人要能投降，战争就结束了。

可惜他实在是找错了人，他也不想想，这两人要是肯降，会在风雨交加之夜独守空城吗？

张、瞿二人的牢房仅有一墙之隔，两人就彼此谈笑吟诗，互相鼓励。

张同敞在《自诀诗》序中说：在被关押的一个月中，因为受刑，两臂折断。一日，忽然右手可以略微动弹，就凭着这右手，写了三首诗。因为只是能微微动弹，所以三首诗整整写了三天。等到写完，右手再也不能动了。这大概就是自己的绝笔了。

其中的一首说：

"弥月悲歌待此时，成仁取义有天知！衣冠不改生前制，名姓空留死后诗。破碎山河休葬骨，颠连君父未舒眉。魂兮懒指归乡路，直往诸陵拜旧碑。"

这诗是说，自己要杀身成仁，舍生取义，自己生是大明的人，死是大明的鬼，如今山河破碎，国破家亡，也无所谓什么死后安葬、入土为安了，就算是我的魂魄，在我死后也不会只想着回到家乡去，而是要像我的祖先张居正一样，到我大明的历代皇陵那里去拜谒。以此来告诉世人，大明虽亡，但张居正的子孙代代自有忠骨，浩气长存！

孔有德读了这诗，知道劝降无望，又怕夜长梦多，因此决定杀掉二人。

行刑那天，张同敞坚决不肯跪着受刑，他站着看着刽子手，面无惧色。他的头被砍掉之后，身子却屹立不倒，刽子手上前一推，却推不动。

当时，孔有德和在场清兵都吓傻了，不由得纷纷给张同敞血淋淋的尸身下跪，还磕了几十个响头，那尸体才砰地倒地。

逃至南宁的永历帝听说此事后，悲愤至极，遂下令朝廷上下拜祭瞿、张二人。尤其对于张同敞，永历帝念其临终时还没有子嗣，特地封其为江陵伯。

据说有一段时间，永历帝每天拿着张、瞿二人的绝命诗反复地读，边读边流着泪说："国无江陵！国无江陵！"

通常，江陵指的便是张居正。明朝时，能称张江陵的只有张居正，而此时永历将张同敞封为江陵伯，可知永历说的是张居正精神，并不特指张居正还是张同敞。

在张同敞、瞿式耜殉国后，先是人们自发为他俩安葬。后来，连清朝统治者也被二人的精神所震撼，康熙帝曾下令表彰二人宁死不屈的气节。

到了道光二十年（1840年）的鸦片战争前夕，日落西山的清王朝也要大难临头了，此时他们也想念起张同敞和张居正这样的人来了。

广西巡抚亲自在张、瞿二人的殉国处为二人立了一块高达两米的石碑，题名"常熟瞿忠宣、江陵张忠烈二公成仁处"，一方面表彰他们的气节，另一方面是希望以此唤醒人们保家卫国的决心与勇气。

张居正虽然死了，但他的精神已经成为中华民族精神的组成部分，不断鞭策我中华儿女奋发图强、保家卫国。

即使在21世纪的今天，张居正精神也依然存在价值。

众说纷纭张居正

清末著名学者魏源说："高拱、张居正、王崇古，张弛驾驭，因势

力挽狂澜：张居正

推移，不独明塞息五十年之烽燧，且开本朝二百年之太平。仁人利溥，民到於今受其赐。"

清人说张居正为清代开了二百年的太平世界。

近代政治家梁启超评价张居正说："明代唯一的大政治家。"

梁启超用一个张居正概括了整个明朝。

哲学家熊十力："汉以后二千余年人物，真有公诚之心、刚大之气、而其前识远见，灼然於国覆种奴之祸，已深伏於举世昏偷、苟安无事之日，毅然以一身担当天下安危，任劳任怨、不疑不布，卒能扶危定倾，克成本原者，余考之前史，江陵一人而已。"

熊十力更是说自汉朝以来，张居正是济世救国第一人。

一个人评价另外一个人，总是以自己的视角进行的。所以，由于每个人的知识结构和社会阅历不同，对于同一个人，会出现很多不同的评价。但如果很多人的评价都是一致的，那么，真实性会很高。

张居正做到了这一点，人们对于他的褒扬远远大于对他的贬低。所以，毋庸置疑，他是一个伟大的正面人物。

但是，从张居正一生来看，似乎有一些污点，使我们怀疑对他的敬仰。从张居正身上，也可以看到他会报复人，他会享受更为奢侈的待遇，他也会搞"一言堂"……

我们应该怎么样对待一个人，评价一个人？这是一个问题。

我们清楚地知道万历朝的其他大臣会用张居正的各种缺点或疏忽弹劾他，无论一个人多么伟大，只要统治者想要打倒他，人们总是可以从他身上找到一些或大或小的理由。那么，这时，历史将变得诡异，人生也变得莫测。

人的动机太多，这使得一个人评价另一个人时，并不按照客观的理念，人们的评价中可能夹杂着各种私人、不客观的东西。这使得一切变得难以确定。

所以，张居正也会被一些人斥为"禽兽"。

如此两极的评价，严重地干扰着我们的判断。

我想，鲁迅的一段话可以解决这一疑惑。他在一篇杂文《战士和苍

第十二章 一代名相凭谁说

蝇》中写：有缺点的战士终竟是战士，完美的苍蝇也终究不过是苍蝇。

是的，有缺点的张居正终究完成了万历新政，延续了明朝的国运。即使"没有缺点"的其他反对者，也不能否定张居正的成就，也无法掩盖张居正的光芒。

张居正的人生经历告诉了我们一些真理，其中有：成大事者不拘小节。事实上，在我们的人生中，充满着极其复杂的情况。如果从头到尾"一根筋"，未免太过轻率。伟大的人总是能够忍耐、能够韬光养晦。

让我们学习张居正在复杂的时代背景下，能够保存自己，成功实现自己理想的这样一种能力。

让我们学习张居正在恶劣的大环境下，不轻易放弃、不自怨自怜、不找借口，并力挽狂澜的伟大精神和伟大能力。

让我们学习张居正在明哲保身和"鞠躬尽瘁，死而后已"之间选择后者的献身情怀。我们都知道这是我们五千年中华源远流长的根本保证。

让我们像张居正那样，献出精神、热血、情怀，有多大能力，就散发多大热量吧！